政省令対応 Q&A

税制改正の実務

─令和6年度版─

著 宮森 俊樹

税理士法人 右山事務所 代表社員・税理士

新日本法規

は じ め に

　令和6年度税制改正においては、物価高・社会保障料等の国民負担の増加に対処するため、構造的な賃上げの実現、生産性向上・供給力強化に向けた国内投資の促進、子育て支援に関する政策税制の見直し、地域・中小企業の活性化等の見直しが行われました。

　個人所得課税においては、賃金上昇が物価高に追い付いていない国民の負担を緩和するため、令和6年分の所得税・個人住民税の定額減税が実施されます。

　金融証券税制においては、スタートアップ企業の人材獲得力の向上を図る観点からストック・オプション税制での株式保管委託要件の拡充、権利行使価額の限度額の引き上げ、社外高度人材適用対象者の範囲拡充、認定手続軽減等の拡充が行われます。また、エンジェル税制の適用対象に新株予約権の追加が行われます。

　住宅土地税制においては、出生数が過去最低と少子化が危機的状況となっており、こども・子育て政策が最も有効な未来への投資であることを踏まえて、子育て世帯に対する住宅ローン控除の拡充、子育てに対応した既存住宅リフォーム税制の拡充が行われます。

　資産課税においては、中小企業経営者及び個人事業者の事業承継を進めるため、特例承継計画書及び個人事業承継計画の提出期限が令和8年3月31日まで2年延長されます。

　法人課税においては、物価高に負けない構造的・持続的な賃上げの動きをより多くの国民に拡げ、効果を深めるため、賃上げ促進税制が強化されます。具体的には、改正前の大企業のうち、物価高に負けない賃上げの牽引役として期待される常時使用従業員数2,000人超の大企業については、より高い賃上げへのインセンティブを強化する観点から、継続雇用者の給

与等支給額の増加に応じて賃上げ率の拡充が行われます。また、改正前の大企業のうち、地域における賃上げと経済の好循環の担い手として期待される常時使用従業員数2,000人以下の企業については、新たに「中堅企業」と位置付けた上で、控除率が見直され、より高い賃上げを行いやすい環境が整備されます。中小企業においては、未だその６割が欠損法人となっており、税制措置のインセンティブが必ずしも効かない構造となっているため、改正前の賃上げ要件・控除率が維持された上、特別税額控除の額のうち、当期の税額から控除できなかった分を５年間にわたって繰り越すことが可能とされます。この場合、持続的な賃上げを実現する観点から、繰越控除する年度については、全雇用者の給与等支給額が対前年度から増加していることが要件とされます。

　消費課税においては、国境を越えたアプリ・ゲームソウトなどのデジタルサービス市場の拡大による捕捉、調査及び徴収の問題に対処するため、プラットフォーム課税が創設されます。また、国外事業者により、本来の趣旨に沿わない形で事業者免税点を適用して、売り手が消費税の納税をせずに買い手が仕入税額控除を行う、いわゆる「納税なき控除」による租税回避の防止策が強化されます。

　本書では、税理士、公認会計士及び経理担当者等が知っておかなければならない令和６年度税制の改正点を改正前制度の概要と改正の内容に分けてＱ＆Ａ方式によって解説しています。税理士、公認会計士及び経理担当者等の「実務上のバイブル」として活用して頂ければ幸いです。

　令和６年４月　京都山科疎水にて遅咲き桜を鑑賞しながら

税理士法人　右山事務所

代表社員　宮森　俊樹

著 者 紹 介

税理士　宮森　俊樹

<略　歴>

昭和38年　福島県生まれ

昭和63年　大原簿記学校税理士課法人税法科専任講師

平成４年　右山昌一郎税理士事務所入所

平成８年　税理士登録

現　　在　税理士法人右山事務所　代表社員・所長

　　　　　東京税理士会会員講師、日本税務会計学会税法部門副学会長、

　　　　　日本税務研究センター編集委員、税務会計研究学会委員、日

　　　　　本租税理論学会委員

<主要著書>

・政省令対応　Ｑ＆Ａ　税制改正の実務－令和５年度版－（新日本法規

　出版、2023年）

・中小企業のための欠損金の活用と留意点（清文社、2021年）

・事業承継対策－税理士のための相続税Ｑ＆Ａシリーズ－（中央経済社、

　2021年）

・減価償却・リースの税務詳解［第３版］（中央経済社、2012年）

・計算書類作成のポイント－中小企業会計指針を中心に－［改訂版］（新

　日本法規出版、2009年）

・相続時精算課税制度の徹底活用法（大蔵財務協会、2003年）

・Ｑ＆Ａでわかる平成28～令和４年度税制改正の実務（中央経済社）

・Ｑ＆Ａ　知っておきたい中小企業経営者と税制改正の実務－平成

　24～27年度版－（大蔵財務協会）　　他

＜主要共著＞

・税理士実務質疑応答集－法人税編＆個人税務編－（ぎょうせい、2022年・2015年）
・Ｑ＆Ａ会社解散・清算の実務［改訂版］－税務・会計・法務・労務－（税務経理協会、2019年）
・法人税修正申告書・更正請求書の書き方と留意点［第３版］（中央経済社、2015年）
・和解をめぐる法務と税務の接点（大蔵財務協会、2013年）
・事例式・契約書作成時の税務チェック【加除式】（新日本法規出版、2012年）
・事例にみる税務上の形式基準の判断（新日本法規出版、2012年）
・事業承継対策の法務と税務【加除式】（新日本法規出版、2010年）
・わかりやすい必要経費判断・処理の手引【加除式】（新日本法規出版、2010年）
・法人税申告書の書き方と留意点【基本別表編】－平成16～令和５年申告用－（中央経済社）
・法人税申告書の書き方と留意点【特殊別表編】－平成16～令和５年申告用－（中央経済社）　他

凡　例

<法令の表記>
　根拠となる法令等の略記例及び略語は次のとおりです。

　租税特別措置法第29条の2第1項第1号＝措法29の2①一

会社	会社法
経営強化法	中小企業等経営強化法
経営強化規	中小企業等経営強化法施行規則
高齢医療	高齢者の医療の確保に関する法律
国保	国民健康保険法
雇保	雇用保険法
産業強化法	産業競争力強化法
私学	私立学校法
消法	消費税法
消令	消費税法施行令
令和6年改正消令	令和6年政令第145号による改正後の消費税法施行令
消規	消費税法施行規則
所法	所得税法
旧所法	令和6年法律第8号による改正前の所得税法
所令	所得税法施行令
所規	所得税法施行規則
令和6年改正所規	令和6年財務省令第14号による改正後の所得税法施行規則
相法	相続税法
旧相法	令和6年法律第8号による改正前の相続税法
相令	相続税法施行令
措法	租税特別措置法
旧措法	令和6年法律第8号による改正前の租税特別措置法
措令	租税特別措置法施行令

令和 6 年改正措令	令和 6 年政令第151号による改正後の租税特別措置法施行令
旧措令	令和 6 年政令第151号による改正前の租税特別措置法施行令
措規	租税特別措置法施行規則
令和 6 年改正措規	令和 6 年財務省令第24号による改正後の租税特別措置法施行規則
旧措規	令和 6 年財務省令第24号による改正前の租税特別措置法施行規則
耐省令	減価償却資産の耐用年数等に関する省令
地法	地方税法
令和 6 年改正地法	令和 6 年法律第 4 号による改正後の地方税法
令和 4 年改正地法	令和 4 年法律第 1 号による改正後の地方税法
令和 3 年改正地法	令和 3 年法律第 7 号による改正後の地方税法
旧地法	令和 6 年法律第 4 号による改正前の地方税法
地令	地方税法施行令
令和 6 年改正地令	令和 6 年政令第136号から第138号による改正後の地方税法施行令
地規	地方税法施行規則
中小承継規	中小企業における経営の承継の円滑化に関する法律施行規則
旧中小承継規	令和 6 年経済産業省令第27号による改正前の中小企業における経営の承継の円滑化に関する法律施行規則
徴収法	国税徴収法
通則法	国税通則法
特区規	国家戦略特別区域法施行規則
法法	法人税法
法令	法人税法施行令
令和 6 年改正法令	令和 6 年政令第142号による改正後の法人税法施行令
法規	法人税法施行規則
令和 6 年改正法	所得税法等の一部を改正する法律（令和 6 年法律第 8 号）
令和 5 年改正法	所得税法等の一部を改正する法律（令和 5 年法律第 3 号）
平成28年改正法	所得税法等の一部を改正する法律（平成28年法律第15号）

平成21年改正法	所得税法等の一部を改正する法律（平成21年法律第13号）
消基通	消費税法基本通達
消費税経理通達	消費税法等の施行に伴う法人税の取扱いについて（法令解釈通達）（消費税経理通達）
消費税経理通達Q＆A	消費税経理通達関係Q＆A
所基通	所得税基本通達
措通	租税特別措置法関係通達
インボイス通達	消費税の仕入税額控除制度における適格請求書等保存方式に関する取扱通達
インボイスQ＆A	消費税の仕入税額控除制度における適格請求書等保存方式に関するQ＆A

参考文献等一覧

【引用文献】
・『令和6年度税制改正大綱』（令和5年12月14日閣議決定）
・税制調査会資料
・経済産業省資料『令和6年度経済産業関係税制改正について』（令和5年12月）
・中小企業庁資料『令和6年度改正の概要について（中小企業・小規模事業者関係)』（令和5年12月）
・金融庁資料『令和6年度税制改正について』（令和5年12月）
・内閣府資料『令和6年度税制改正要望結果』（令和5年12月）
・国土交通省資料『令和6年度国土交通省税制改正要望概要』（令和5年12月）

【参考文献】
・武田昌輔監修『DHCコンメンタール　法人税法』【加除式】（第一法規、1979年）
・武田昌輔監修『DHCコンメンタール　所得税法』【加除式】（第一法規、1983年）
・宮森俊樹著『Q＆A知っておきたい中小企業経営者と税制改正の実務』（平成24年度版〜平成27年度版）（大蔵財務協会）
・宮森俊樹著『Q＆Aでわかる税制改正の実務』（平成28年度版〜令和4年度版）（中央経済社）
・宮森俊樹著『政省令対応　Q＆A　税制改正の実務－令和5年度版－』（新日本法規出版、2023年）

目　　次

Ⅰ　個人所得課税

Ⅱ　金融証券税制

Ⅲ　住宅土地税制

Ⅳ　資産課税

Ⅴ　法人課税

Ⅵ　消費課税

Ⅶ　納税環境整備

Ⅰ　個人所得課税

1　所得税の定額減税

Q 1　定額減税制度の概要

　過去2年間で所得税・個人住民税の税収が3.5兆円増加する中で、物価高・社会保障料の負担増加など、国民負担率の高止まりが続いています。

　令和6年度税制改正では、賃金上昇が物価高に追い付いていない国民の負担を緩和し、デフレ脱却のための一時的な措置として、3兆円半ばの規模で所得税・個人住民税の定額減税が実施されるそうですが、所得税の定額減税制度の概要について教えて下さい。

POINT

　納税者及び配偶者を含めた扶養家族1人につき、令和6年分の所得税3万円の減税が行われます。ただし、合計所得金額が1,805万円超（給与収入2,000万円超に相当）の者及び非居住者に該当する者については、定額減税の対象外とされます。

A　居住者の令和6年分の所得税については、その者のその年分の所得税の額から、令和6年分特別税額控除額が控除されます。ただし、その者のその年分の所得税に係るその年の合計所得金額が1,805万円を超える場合については、この限りではありません（措法41の3の3①）。

　また、令和6年分特別税額控除額は、次の金額の合計額とされます。ただし、その合計額がその者の所得税額を超える場合には、所得税額が限度とされます（措法41の3の3②）。

① 　居住者（本人）…3万円
② 　居住者の一定の同一生計配偶者又は扶養親族（居住者に該当する者に限ります。以下「同一生計配偶者等」といいます。）…1人につき3万円

<図表 I － 1 ＞　給与収入額と合計所得金額の関係

給与収入額	2,695万円	2,195万円	2,095万円	2,000万円	1,695万円
合計所得金額	2,500万円	2,000万円	1,900万円	1,805万円	1,500万円

Q2　年齢の判定基準

Q1における居住者、居住者の同一生計配偶者又は扶養親族に該当するか否かの判定は、いつ行うのか教えて下さい。

POINT

令和6年12月31日の現況によるものとされます。

A　Q1の場合において、その者が同一生計配偶者又は扶養親族に該当するかどうかの判定は、その年12月31日（その居住者がその年の中途において死亡し又は出国をする場合には、その死亡又は出国の時）の現況によるものとされます。ただし、その判定に係る者がその当時既に死亡している場合は、その死亡の時の現況によるものとされます（措法41の3の3③）。

Q3　給与所得者の特別控除の実施方法

令和6年6月以後に最初に支払われる給与等に係る定額減税の特別控除の実施方法について教えて下さい。

POINT

令和6年6月1日以後最初に支払を受ける給与等（賞与を含むものとされ、給与所得者の扶養控除等申告書の提出の際に経由した給与等の支

払者が支払うものに限ります。）につき源泉徴収をされるべき所得税の
額（以下「控除前源泉徴収税額」といいます。）から特別控除の額に相当
する金額（その金額が控除前源泉徴収税額を超える場合には、その控除
前源泉徴収税額に相当する金額）が控除されます。

A　令和6年6月1日において給与等の支払者から主たる給与等（給
与所得者の扶養控除等申告書の提出の際に経由した給与等の支払者
から支払を受ける給与等とされます。以下同じ。）の支払を受ける者である
居住者の同日以後最初にその支払者から支払を受ける同年中の主たる給与等
（同年分の所得税に係るものに限られ、年末調整の対象となるものを除きま
す。以下「第1回目控除適用給与等」といいます。）に係る源泉徴収税額は、
その源泉徴収税額に相当する金額（以下「第1回目控除適用給与等に係る控
除前源泉徴収税額」といいます。）から給与特別控除額を控除した金額に相当
する金額とされます。この場合において、給与特別控除額がその第1回目控
除適用給与等に係る控除前源泉徴収税額を超えるときは、その控除をする金
額は、第1回目控除適用給与等に係る控除前源泉徴収税額に相当する金額と
されます（措法41の3の7①）。

Q4 第1回目控除未済給与特別控除額の取扱い

　Q3における第1回目控除適用給与等に係る控除前源泉徴収税額から控除
しきれなかった給与特別控除額がある場合の取扱いについて教えて下さい。

POINT

　給与特別控除額のうち第1回目控除適用給与等に係る控除前源泉徴収
税額から控除をしてもなお控除しきれない部分の金額があるときは、そ
の控除しきれない部分の金額を、居住者が最初に主たる給与等の支払を
受けた日後にその支払者から支払を受ける令和6年中の主たる給与等
（年末調整の対象となるものを除きます。）に係る源泉徴収税額に相当
する金額から順次控除（それぞれのその源泉徴収税額に相当する金額が

限度とされます。）をした金額に相当する金額をもって、それぞれの主た
る給与等に係る源泉徴収税額とされます。

A　　Ｑ３の場合において、給与特別控除額を第１回目控除適用給与等
に係る控除前源泉徴収税額から控除してもなお控除しきれない金額
（以下「第１回目控除未済給与特別控除額」といいます。）があるときは、第
１回目控除未済給与特別控除額を、その居住者が第１回目控除適用給与等の
支払を受けた日後に第１回目控除適用給与等の支払者から支払を受ける令和
６年中の主たる給与等（同年分の所得税に係るものに限られ、年末調整の対
象となるものを除きます。以下「第２目以降控除適用給与等」といいます。）
につき源泉徴収税額に相当する金額（以下「第２回目以降控除適用給与等に
係る控除前源泉徴収税額」といいます。）から順次控除（それぞれの第２回目
以降控除適用給与等に係る控除前源泉徴収税額に相当する金額を限度とされ
ます。）をした金額に相当する金額をもって、それぞれの第２回目以降控除適
用給与等に係る源泉徴収税額とされます（措法41の３の７②）。

Q5　給与特別控除額の算定

Ｑ３及びＱ４における給与特別控除額の算定について教えて下さい。

POINT

　給与特別控除額は、給与所得者及び給与所得者の扶養控除等申告書に
記載された一定の源泉控除対象配偶者で合計所得金額の見積額が48万円
以下である者又は一定の控除対象扶養親族等１人につき３万円とされま
す。

A　　Ｑ３及びＱ４における給与特別控除額は、３万円（次の①～④に
掲げる者がある場合には、３万円にこれらの者１人につき３万円を
加算した金額）とされます（措法41の３の７③⑤）。
　また、Ｑ３及びＱ４により控除された後の所得税額をもって、それぞれの

給与等につき源泉徴収をされるべき所得税の額とされます（措法41の３の７④）。

　なお、給与等の支払者は、Ｑ３及びＱ４による控除をした場合には、支払明細書に控除した額を記載（記載例：所得税定額減税額××円）し、源泉徴収票の摘要の欄に控除した額等を記載（記載例：源泉徴収時所得税定額減税控除済額××円・控除外額××円及び非控除対象配偶者減税の有無）することとします。

① 給与所得者の扶養控除等申告書に記載された居住者である源泉控除対象配偶者（所法２①三十三の四）で合計所得金額の見積額が48万円以下である者

② 給与所得者の扶養控除等申告書に記載された居住者である控除対象扶養親族（所法２①三十四の二）

③ 第１回目控除適用給与等の支払を受ける日までに、給与特別控除額についてＱ３及びＱ４の適用を受けようとする旨、これらの者の氏名及び個人番号（個人番号を有しない者にあっては、氏名）その他の一定で定める事項を記載した申告書に記載された同一生計配偶者（上記①に掲げる者を除きます。）

④ 第１回目控除適用給与等の支払を受ける日までに、給与特別控除額についてＱ３及びＱ４の適用を受けようとする旨、これらの者の氏名及び個人番号（個人番号を有しない者にあっては、氏名）その他の一定で定める事項を記載した申告書に記載された扶養親族（上記②に掲げる者を除きます。）

Q6　年末調整に係る特別控除の実施方法

　令和６年における年末調整に係る定額減税の特別控除の実施方法について教えて下さい。

POINT

　居住者の令和６年中に支払の確定した給与等に係る年末調整による年

税額は、その年税額に相当する金額から年末調整特別控除額を控除した
金額に相当する金額とされます。

A　　居住者の令和6年中に支払の確定した給与等に係る年末調整によ
る年税額は、その年税額に相当する金額から年末調整特別控除額を
控除した金額に相当する金額とされます。ただし、その者のその年分の所得
税に係るその年の合計所得金額が1,805万円を超える場合については、この
限りではありません（措法41の3の8①）。

Q7 年末調整特別特別控除額の算定

Q6における年末調整特別控除額の算定について教えて下さい。

POINT

　年末調整特別控除額は、給与所得者、給与所得者の配偶者控除等申告
書に記載された一定の控除対象配偶者又は給与所得者の扶養控除等申告
書に記載された一定の控除対象扶養親族等1人につき3万円とされま
す。

A　　Q6における年末調整特別控除額は、3万円（次の①〜④に掲げ
る者がある場合には、3万円にこれらの者1人につき3万円を加算
した金額）とされます（措法41の3の8②④）。
① 給与所得者の配偶者控除等申告書に記載された居住者である控除対象配
偶者（所法2①三十三の2）
② 給与所得者の扶養控除等申告書に記載された居住者である控除対象扶養
親族（所法2①三十四の二）
③ その年最後に給与等の支払を受ける日までに、年末調整特別控除額につ
いてQ6の適用を受けようとする旨、これらの者の氏名及び個人番号（個
人番号を有しない者にあっては、氏名）その他の一定で定める事項を記載
した申告書に記載された同一生計配偶者（上記①に掲げる者を除きます。）

④　その年最後に給与等の支払を受ける日までに、年末調整特別控除額について Q 6 の適用を受けようとする旨、これらの者の氏名及び個人番号（個人番号を有しない者にあっては、氏名）その他の一定で定める事項を記載した申告書に記載された扶養親族（上記②に掲げる者を除きます。）

Q8　事業所得者等の予定納税に係る特別控除の実施方法

　令和 6 年分の所得税に係る確定申告書を提出する事業所得者及び不動産所得者については、その提出の際に所得税額から特別控除の額が控除されます。
　ただし、予定納税額の納付がある者については、予定納税に係る定額減税の特別控除が実施できるそうですが、その内容について教えて下さい。

POINT

　令和 6 年分の所得税に係る第 1 期分予定納税額（7 月）に相当する金額から予定納税特別控除が控除されます。また、第 1 期分予定納税額から控除をしても控除しきれない金額は、第 2 期分予定納税額（11月）に相当する金額から控除されます。

A　　居住者の令和 6 年分の所得税に係る第 1 期納付分の予定納税額は、その第 1 期納付分の予定納税額に相当する金額から予定納税特別控除額の控除をした金額に相当する金額とすることとされます（措法41の 3 の 5 ①）。第 1 期分予定納税額から控除をしても控除しきれない金額は、第 2 期分予定納税額（11月）に相当する金額から控除されます（措法41の 3 の 5 ②）。
　なお、予定納税特別控除額は、3 万円とされます（措法41の 3 の 5 ③）。
　また、第 1 期納付分の予定納税額に相当する金額及び第 2 期分予定納税額に相当する金額から予定納税特別控除額が控除された後の所得税をもって、予定納税額に係る納付すべき所得税の額とみなされます（措法41の 3 の 5 ④）。

予定納税額の減額の承認の申請の特例の実施方法

　Q8において予定納税額の減額の承認の申請により、第1期分予定納税額及び第2期分予定納税額から同一生計配偶者及び扶養親族等に係る特別控除の額に相当する金額が控除できる予定納税額の減額の承認の申請の特例が創設されたそうですが、その内容について教えて下さい。

POINT

　居住者の令和6年分の所得税につき予定納税額の減額の承認の申請により予定納税額から同一生計配偶者及び扶養親族等に係る特別控除の額の控除も受けることができます。
　また、その減額の承認に係る予定納税特別控除額は、令和6年分特別税額控除額の見積額とされます。

A　居住者（令和6年分特別税額控除額の金額が3万円を超えると見込まれ、かつ、令和6年分の所得税に係るその年の合計所得金額が1,805万円以下であると見込まれる者に限ります。）の令和6年分の所得税につき予定納税額から減額の承認に係る予定納税特別控除額（3万円）の控除を受けようとする場合における第1期分予定納税額の減額の承認の申請又は第2期分予定納税額の減額の承認の申請については、次の①②に掲げる令和6年分の所得税の予定納税額の減額の承認の申請の特例が設けられています（措法41の3の6①）。

　なお、減額の承認に係る予定納税特別控除額とは、申告納税見積額の計算の基準となる日の現況による令和6年分特別税額控除額の見積額とされます（措法41の3の6⑥）。

①　第1期分予定納税額の減額の承認の申請の特例

　　予定納税額の納付をすべき居住者は、令和6年6月30日の現況による申告納税見積額から「令和6年分の所得税の減額の承認に係る予定納税特別控除額（措法41の3の6⑥）」を控除した金額が、予定納税基準額から予定納税特別控除額（3万円）を控除した金額に満たないと見込まれる場合に

は、その年7月31日までに、納税地の所轄税務署長に対し、第1期又は第
2期において納付すべき予定納税額の減額に係る承認を申請することがで
きます。

② 第2期分予定納税額の減額の承認の申請の特例

　第1期分予定納税額の納付をすべき居住者は、令和6年10月31日の現況
による申告納税見積額から「令和6年分の所得税の減額の承認に係る予定
納税特別控除額（措法41の3の6⑥）」を控除した金額が、予定納税基準額
から予定納税特別控除額（3万円）を控除した金額（上記①の承認を受け
た居住者については、その承認に係る申告納税見積額）に満たないと見込
まれる場合には、令和6年11月15日までに、納税地の所轄税務署長に対し、
第2期において納付すべき予定納税額の減額に係る承認を申請することが
できます。

Q10 予定納税額の減額の納期等の特例

　Q8及びQ9の創設に伴い、令和6年分の所得税の予定納税額の納期及び
予定納税額の減額の承認の申請の期限が見直されたそうですが、その内容に
ついて教えて下さい。

POINT

　第1期分予定納税額の納期が、令和6年9月30日までの期間とされま
す。また、その減額の承認の申請の期限が令和6年7月31日とされます。

A　居住者の令和6年分の所得税に係る第1期分予定納税額の納期が
令和6年7月1日から令和6年9月30日（改正前：令和6年7月31
日）までの期間とされます（措法41の3の4一）。

　また、予定納税額（令和6年6月30日の現況分）の減額の承認の申請の期
限が令和6年7月31日（改正前：令和6年7月15日）とされます（措法41の3
の4二）。

Q11 公的年金等の受給者に係る特別控除の実施方法

令和6年6月以後に最初に支払われる公的年金等に係る定額減税の特別控除の実施方法について教えて下さい。

> **POINT**
>
> 　令和6年6月1日以後最初に厚生労働大臣等から支払を受ける公的年金等（確定給付企業年金法の規定に基づいて支給を受ける年金等を除きます。）について源泉徴収をされるべき所得税の額（以下「控除前源泉徴収税額」といいます。）から特別控除の額に相当する金額（その金額が控除前源泉徴収税額を超える場合には、その控除前源泉徴収税額に相当する金額）が控除されます。

A　公的年金等で一定で定めるもの（以下「特定公的年金等」といいます。）の支払を受ける者である居住者の令和6年6月1日以後最初に特定公的年金等の支払者から支払を受ける令和6年分の所得税に係る特定公的年金等で一定で定めるもの（以下「第1回目控除適用公的年金等」といいます。）に係る源泉徴収税額は、その源泉徴収税額に相当する金額（以下「第1回目控除適用公的年金等に係る控除前源泉徴収税額」といいます。）から年金特別控除額を控除した金額に相当する金額とされます。この場合において、年金特別控除額がその第1回目控除適用公的年金等に係る控除前源泉徴収税額を超えるときは、その控除をする金額は、第1回目控除適用公的年金等に係る控除前源泉徴収税額に相当する金額とされます（措法41の3の9①）。

Q12 第1回目控除未済年金特別控除額の取扱い

Q11における第1回目控除適用公的年金等に係る控除前源泉徴収税額から控除しきれなかった年金特別控除額がある場合の取扱いについて教えて下さい。

POINT

　年金特別控除額のうち第1回目控除適用公的年金等に係る控除前源泉徴収税額から控除をしてもなお控除しきれない部分の金額があるときは、その控除しきれない部分の金額を、居住者が最初に公的年金等の支払を受けた日後にその公的年金の支払者から支払を受ける令和6年中の公的年金等に係る源泉徴収税額に相当する金額から順次控除（それぞれのその源泉徴収税額に相当する金額が限度とされます。）をした金額に相当する金額をもって、それぞれの公的年金等に係る源泉徴収税額とされます。

A　Q11の場合において、年金特別控除額のうち第1回目控除適用公的年金等に係る控除前源泉徴収税額から控除をしてもなお控除しきれない部分の金額（以下「第1回目控除未済年金特別控除額」といいます。）があるときは、第1回目控除未済年金特別控除額を、その居住者が第1回目控除適用公的年金等の支払を受けた日後に第1回目控除適用公的年金等給与等の支払者から支払を受ける令和6年中の所得税に係る特定公的年金等で一定で定めるもの（以下「第2目以降控除適用公的年金等」といいます。）につき源泉徴収税額に相当する金額（以下「第2回目以降控除適用公的年金等に係る控除前源泉徴収税額」といいます。）から順次控除（それぞれの第2回目以降控除適用公的年金等に係る控除前源泉徴収税額に相当する金額を限度とされます。）をした金額に相当する金額をもって、それぞれの第2回目以降控除適用公的年金等に係る源泉徴収税額とされます（措法41の3の9②）。

Q13　年金特別控除額の算定

Q11及びQ12における年金特別控除額の算定について教えて下さい。

POINT

　年金特別控除額は、公的年金等の受給者及び公的年金等の受給者の扶養親族等申告書に記載された一定の源泉控除対象配偶者で合計所得金額の見積額が48万円以下である者又は一定の控除対象扶養親族等1人につ

き3万円とされます。

A　Q11及びQ12における年金特別控除額は、3万円（次の①②に掲げる者がある場合には、3万円にこれらの者1人につき3万円を加算した金額）とされます（措法41の3の9③⑤）。

また、Q11及びQ12により控除された後の所得税額をもって、それぞれの公的年金等につき源泉徴収をされるべき所得税の額とされます（措法41の3の9④）。

なお、公的年金等の支払者は、Q11及びQ12による控除をした場合には、源泉徴収票の摘要の欄に控除した額（減税実施額）及び減税未済額を記載します。

① 　公的年金等の受給者の扶養控除等申告書に記載された居住者である源泉控除対象配偶者（所法2①三十三の四）で合計所得金額の見積額が48万円以下である者

② 　公的年金等の受給者の扶養控除等申告書に記載された居住者である控除対象扶養親族（所法2①三十四の二）

Q14 適用関係

Q1からQ13における所得税の定額減税の特別控除の適用関係について教えて下さい。

POINT

令和6年6月1日から施行されます。

A　Q1からQ13の改正は、令和6年6月1日から施行されます（令和6年改正法附則1二イ）。

Q6及びQ7の改正は、令和6年中に支払うべき給与等でその最後に支払をする日が令和6年6月1日以後であるものについて適用されます（令和6年改正法附則34⑤）。

2　個人住民税の定額減税

Q1　定額減税制度の概要

個人住民税の定額減税制度の概要について教えて下さい。

POINT

　納税者及び配偶者を含めた扶養家族1人につき、令和6年度分又は令和7年度分の個人住民税1万円の減税が行われます。ただし、合計所得金額が1,805万円超（給与収入2,000万円超に相当）の者については、定額減税の対象外とされます。

A　令和6年度分の個人住民税について、定額による所得割の額の特別控除が次により実施されます。

① 　納税義務者の所得割の額から、特別控除の額が控除されます。ただし、その者の令和6年度分の個人住民税に係る合計所得金額が1,805万円以下である場合に限ります（令和6年改正地法附則5の8①②）。

② 　特別控除の額は、次の金額の合計額とされます。ただし、その合計額がその者の所得割の額を超える場合には、所得割の額が限度とされます（令和6年改正地法附則5の8①②⑤）。

　イ　本人…1万円

　ロ　控除対象配偶者又は扶養親族（国外居住者を除きます。）1人につき…1万円

　　（注）　控除対象配偶者を除く同一生計配偶者（国外居住者を除きます。）については、令和7年度分の所得割の額から、1万円が控除されます。

Q2　給与所得者に係る特別控除の実施方法

　給与所得者に係る特別徴収の場合の個人住民税の定額減税の特別控除の実施方法について教えて下さい。

> ## POINT
>
> 　令和 6 年 6 月に給与の支払をする際は特別徴収を行わず、特別控除の額を控除した後の個人住民税の額の11分の 1 の額を令和 6 年 7 月から令和 7 年 5 月まで、それぞれの給与の支払をする際毎月徴収されます。

A　給与所得者に係る特別徴収の場合の個人住民税の定額減税の特別控除の実施方法は、次のとおりとされます。

① 　特別徴収義務者は、令和 6 年 6 月に給与の支払をする際は特別徴収を行わず、特別控除の額を控除した後の個人住民税の額の11分の 1 の額を令和 6 年 7 月から令和 7 年 5 月まで、それぞれの給与の支払をする際毎月徴収することとされます（令和 6 年改正地法附則 5 の10）。

② 　地方公共団体は、令和 6 年度分の給与所得に係る個人住民税の特別徴収税額通知（納税義務者用）に控除した額（個人住民税定額減税控除額××円・控除外額××円）を記載します。

③ 　特別徴収義務者は、令和 6 年分の給与支払報告書の摘要の欄に所得税額から控除した額（個人住民税定額減税控除額××円・控除外額××円）を記載します。

Q3　公的年金等の受給者に係る特別控除の実施方法

　公的年金等の受給者に係る特別徴収の場合の個人住民税の定額減税の特別控除の実施方法について教えて下さい。

> ## POINT
>
> 　令和 6 年10月 1 日以後最初に厚生労働大臣等から支払を受ける公的年金等につき特別徴収をされるべき個人住民税の額から特別控除の額に相当する金額が控除されます。
>
> 　また、控除しきれない金額は、順次控除されます。

公的年金等の受給者に係る特別徴収の場合の個人住民税の定額減税の特別控除の実施方法は、次のとおりとされます。

① 　令和6年10月1日以後最初に厚生労働大臣等から支払を受ける公的年金等について特別徴収をされるべき個人住民税の額（以下「各月分特別徴収税額」といいます。）から特別控除の額に相当する金額（その金額が各月分特別徴収税額を超える場合には、その各月分特別徴収税額に相当する金額）が控除されます（令和6年改正地法附則5の11①）。

② 　特別控除の額に相当する金額のうち、上記①及びここに定めるところにより控除をしてもなお控除しきれない部分の金額は、以後令和6年度中に特別徴収される各月分特別徴収税額から、順次控除されます（令和6年改正地法附則5の11④）。

③ 　地方公共団体は、令和6年度分の公的年金等に係る所得に係る個人住民税の税額決定通知書に控除した額等を記載します。

④ 　特別徴収義務者は、令和6年分の公的年金等支払報告書の摘要の欄に所得税額から控除した額等を記載します。

Q4　普通徴収の場合の特別控除の実施方法

　普通徴収の場合の個人住民税の定額減税の特別控除の実施方法について教えて下さい。

POINT

　令和6年度分の個人住民税に係る第1期分の納付額から特別控除の額に相当する金額が控除されます。また、控除しきれない金額は、順次控除されます。

　　普通徴収の場合の個人住民税の定額減税の特別控除の実施方法は、次の①〜③のとおりとされます。

① 　令和6年度分の個人住民税に係る第1期分の納付額から特別控除の額に相当する金額（その金額が第1期分の納付額を超える場合には、第1期分

の納付額に相当する金額）が控除されます（令和6年改正地法附則5の9）。

② 特別控除の額に相当する金額のうち、上記①及びここに定めるところにより控除をしてもなお控除しきれない部分の金額は、第2期分以降の納付額から、順次控除されます。

③ 地方公共団体は、令和6年度分の個人住民税の税額決定通知書に控除した額（個人住民税定額減税控除額××円・控除外額××円）を記載します。

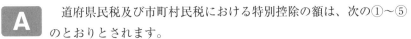

Q5 特別控除の額の算定方法

道府県民税及び市町村民税における特別控除の額の算定方法について教えて下さい。

POINT

道府県民税における特別控除の額は、特別控除の額に道府県民税所得割の額がその者の道府県民税所得割の額と市町村民税所得割の額との合計額のうちに占める割合を乗じて計算することとされます。

また、市町村民税における特別控除の額は、特別控除の額から道府県民税における特別控除の額を控除して得た金額とされます。

A 道府県民税及び市町村民税における特別控除の額は、次の①～⑤のとおりとされます。

① 道府県民税における特別控除の額は、特別控除の額に、その者の道府県民税所得割の額をその者の道府県民税所得割の額と市町村民税所得割の額との合計額で除して得た数値を乗じて得た金額とされます。

（注）　「道府県民税所得割の額」とは、特別控除の額を控除する前の道府県民税所得割の額とされます。また、「市町村民税所得割の額」とは、特別控除の額を控除する前の市町村民税所得割の額とされます。

② 市町村民税における特別控除の額は、特別控除の額から道府県民税における特別控除の額を控除して得た金額とされます。

③　特別控除の額は、他の税額控除の額を控除した後の所得割の額から控除することとされます。

④　算定の基礎となる所得割の額

次に掲げる金額の算定の基礎とされる令和6年度分の所得割の額は、特別控除の額を控除する前の所得割の額とされます。

イ　都道府県又は市区町村に対する寄附金税額控除（ふるさと納税）の特例控除額の控除上限額

ロ　公的年金等に係る所得に係る仮特別徴収税額

⑤　特別控除による個人住民税の減収額は、全額国費で補填されます。

コラム　令和6年分所得税の定額減税Q＆A（国税庁：令和6年4月11日改訂）

問2－2　所得制限を超える人に対する定額減税

定額減税の適用には所得制限があるとのことですが、合計所得金額が1,805万円を超える人についても、主たる給与の支払者のもとで定額減税の適用を受けるのですか。

A　合計所得金額が1,805万円を超える人であっても、主たる給与の支払者のもとでは、令和6年6月以後の各月（日々）において、給与等に係る控除前税額から行う控除（月次減税）の適用を受けることになります。

一方、合計所得金額が1,805万円を超える人については、年末調整の際に年調所得税額から行う控除（年調減税）の適用が受けられませんので、年末調整の際にそれまで控除した額の精算を行うことになりますが、主たる給与の支払者からの給与収入が2,000万円を超える人は年末調整の対象となりませんので、その人は確定申告で最終的な年間の所得税額と定額減税額との精算を行うこととなります。

（注）　年末調整の際に年調減税の適用を受けない人は、主たる給与の支払者からの給与収入は2,000万円を超えないが、その他の所得があるために合計所得金額が1,805万円を超える人になります。

（例：給与収入が1,900万円（給与所得1,705万円）で、不動産所得が200万円である人）

問2－3　公的年金等の支払を受ける給与所得者に対する定額減税

　　厚生労働大臣等から公的年金等の支払を受ける人は、その公的年金等に係る源泉徴収税額から定額減税の適用を受けますが、その人についてもその主たる給与の支払者のもとで、定額減税の適用を受けるのですか。

A　公的年金等に係る源泉徴収税額から定額減税の適用を受ける人についても、主たる給与の支払者のもとで定額減税の適用を受けることになります。

　　なお、給与等と公的年金等との定額減税額の重複控除については、確定申告で最終的な年間の所得税額と定額減税額との精算が行われることとなります。

問2－4　給与所得者における定額減税の適用選択権の有無

　　給与所得者が、主たる給与の支払者のもとで定額減税の適用を受けるか受けないかを、自分で選択することはできますか。

A　令和6年6月1日現在、給与の支払者のもとで勤務している人のうち、給与等の源泉徴収において源泉徴収税額表の甲欄が適用される居住者の人（その給与の支払者に扶養控除等申告書を提出している居住者の人）については、一律に主たる給与の支払者のもとで定額減税の適用を受けることになり、自分で定額減税の適用を受けるか受けないかを選択することはできません。

問2－8　所得制限を超える人から定額減税不要の申出があった場合（令和6年4月追加）

　　給与収入以外の所得により、令和6年分の合計所得金額が1,805万円を超えることが明らかであり、年末調整時に定額減税の適用を受けることができないので、月々の給与等から月次減税額を控除しないでほしいという申出が従業員からありました。

　　この場合、従業員からの申出に従い、月次減税額を控除しなくてもいいですか。

A　給与所得者については、主たる給与の支払者のもとで、令和6年6月1日以後最初に支払を受ける給与等に係る源泉徴収において、月次

減税額を順次控除することとされています。

　そして、合計所得金額が1,805万円を超えると見込まれるかどうかにかかわらず、主たる給与の支払者のもとで、令和6年6月以後の給与等に係る源泉徴収において、控除対象者は一律に減税額の控除を受けることになりますので、控除対象者自身が定額減税の適用を受けるか受けないかを選択することはできません。

問2－9　青色事業専従者に対する定額減税（令和6年4月追加）

　　青色事業専従者は定額減税の適用を受けますか。

A　青色事業専従者として給与の支払を受ける人についても、主たる給与の支払者のもとで、令和6年6月1日以後最初に支払を受ける給与等に係る源泉徴収において、月次減税額を順次控除することとされ、年末調整や確定申告においても定額減税の適用を受けます。

　　なお、青色事業専従者として給与の支払を受ける人は、納税者の同一生計配偶者や扶養親族とはされませんので、その納税者と生計を一にしていたとしても、定額減税の計算には含まれません。

問3－3　基準日の後に就職した人に対する定額減税

　　令和6年6月2日以後に就職した人は、基準日在職者に該当しますか。

A　令和6年6月2日以後に就職した人については、基準日在職者に該当しません。

　　なお、このような人のうち扶養控除等申告書を提出した人は、月次減税額の控除を受けることはできませんので、通常は年末調整において定額減税額の控除（年調減税）を受けることになります。

　(注)　合計所得金額が1,805万円を超える人については、年調減税は受けられません。また、年末調整の対象とならない人は確定申告で精算します。

3　政治活動に関する寄附をした場合

$\boxed{Q_1}$　改正前制度の概要

　改正前の個人が政治活動に関する寄附を行った場合の課税の優遇規定の制度の概要について教えて下さい。

POINT

　所得控除としての寄附金控除又は所得税額の控除の選択適用が認められています。

A　個人が、平成7年1月1日から令和6年12月31日までの間に行った政治活動に関する寄附のうち、①政党、②政治資金団体、③公職議員等の後援団体、④特定の公職の立候補者の後援団体に対するもので政治資金規正法の規定により報告されたもの又は⑤特定の公職の立候補者に対し、その公職に係る選挙活動に関してされる寄附で公職選挙法の規定により報告されたもの（以下「特定の政治献金」といいます。）については、特定寄附金とみなして「寄附金控除」の規定が適用できます（所法78、旧措法41の18①、旧措規19の10の2）。

　また、個人が、平成7年1月1日から令和6年12月31日までの間に支出した①政党又は②政治資金団体に対する政治活動に関する寄附で政治資金規正法の規定により報告されたもの（以下「政党等に対する寄附金の額の合計額」といいます。）については、寄附金控除との選択により「所得税額の控除」の規定が適用できます（旧措法41の18②）。

　なお、具体的な「寄附金控除」又は「所得税額の控除」の計算方法は、＜図表Ⅰ－2＞のとおりとされます。

＜図表Ⅰ－2＞　政治活動に関する寄附を行った場合

区　　分	具　体　的　な　計　算　方　法
寄附金控除	①　特定寄附金（注）の合計額－2,000円＝×××円 ②　その年分の総所得金額等の額×40％－2,000円＝×××円

	③　①と②のいずれか少ない金額　∴　寄附金控除 （注）　特定寄附金 　　（イ）　国又は地方公共団体に対する寄附金 　　（ロ）　指定寄附金 　　（ハ）　特定公益増進法人に対する寄附金 　　（ニ）　認定特定非営利活動法人に対する寄附金 　　（ホ）　政治活動に関する寄附金（特定の政治献金）
所得税額の控除	①　$\left[\begin{array}{l}\text{その年中に支出した政党等に}\\\text{対する寄附金の額の合計額}\\\text{（その年分の総所得金額等の}\\\text{額の40\%相当額を限度）}\end{array}-2{,}000円\right] \times 30\% = \times\times\times円$ ②　その年分の所得税の額×25％＝×××円 ③　①と②のいずれか少ない金額　∴　所得税額の控除

Q2　適用期限の延長

　個人の政治活動に関する寄附を行った場合の寄附金控除の特例及び所得税額の控除の規定の適用期限の延長について教えて下さい。

┌─ **POINT** ─────────────────────────┐
　令和11年12月31日まで5年延長されます。
└─────────────────────────────────┘

A　　政治活動に関する寄附をした場合の寄附金控除の特例又は所得税額の特別控除の適用期限が令和11年12月31日（改正前：令和6年12月31日）まで5年延長されます（措法41の18①）。

4 公益法人等に寄附をした場合の所得税額の特別控除制度の拡充等

Q1 改正前制度の概要

公益社団法人等について、草の根の寄附を必要とする「新しい公共」の担い手として、市民との関わり合いが強く、かつ、運営の透明性が確保されている法人が個人寄附金に係る税額控除の対象とされています。

このうち、改正前の学校法人等に寄附をした場合の所得税額の特別控除制度の改正前制度の概要について教えて下さい。

> **POINT**
>
> 収入金額に占める寄附金の割合（PST）が20％以上であること等の要件を満たせば、所得控除との選択により、税額控除の対象とされます。

A 個人が、各年において支出した公益社団法人、公益財団法人、学校法人、社会福祉法人又は更生保護法人（以下「公益社団法人等」といいます。）のうち、税額控除対象法人に対する寄附金（総所得金額等の40％相当額を限度）で、その寄附金の額が2,000円を超える場合には、所得控除との選択により、その超える金額の40％相当額（所得税額の25％相当額を限度）がその者のその年分の所得税額から控除されます（旧措法41の18の3①）。

税額控除対象法人のうち学校法人等の適用要件は、認定NPO法人の認定要件であるパブリック・サポート・テスト（以下「PST」といいます。）と同様の要件、認定NPO法人の認定要件及び同程度の情報公開に関する要件とされます（旧措令26の28の2①二）。

＜図表Ⅰ－3＞ 学校法人等の適用要件（改正前）

① 次に掲げる要件のいずれかを満たすこと。
　（イ）相対値基準
　　　実績判定期間における経常収入金額のうちに寄附金収入金額（学校の入学に関する寄附金の額を除きます。）の占める割合が5分の1以上であること。

　（ロ）　絶対的基準

　　　実績判定期間内の日を含む各事業年度における判定基準寄附者の数の合計数に12を乗じてこれをその実績判定期間の月数で除して得た数が100以上であり、かつ、その各事業年度におけるその判定基準寄附者からの寄附金の額の総額に12を乗じてこれをその実績判定期間の月数で除して得た金額が30万円以上であること。

②　「寄附行為（私学30①）」、「役員の氏名及び役職を記載した名簿（私学35①）」、「財産目録等（私学47②）」及び「役員に対する報酬等の支給の基準」その他の書類について閲覧の請求があった場合には、正当な理由がある場合を除き、これを閲覧させること。

③　実績判定期間内の日を含む各事業年度の寄附者名簿（各事業年度にその法人が受け入れた寄附金の支払者ごとにその支払者の氏名又は名称及びその住所又は事務所の所在地並びにその寄附金の額及び受け入れた年月日を記載した書類をいいます。）を作成し、これを保存していること。

Q2　適用要件の拡充

　学校法人等に寄附をした場合の所得税額の特別控除制度の適用要件の拡充について教えて下さい。

POINT

　研究等支援事業に充てられることが確実なものとして、一定の要件を満たすことを所管庁が確認したものが追加されます。

A　公益法人等に寄附をした場合の所得税額の特別控除制度について、次の見直しが行われます。

①　適用対象となる学校法人又は準学校法人（以下「学校法人等」といいます。）の年平均の判定基準寄附者数等により判定する要件（いわゆるパブリック・サポート・テストの絶対値要件）について、学校法人等が次に掲げる要件を満たす場合には、その直前に終了した事業年度が令和6年4月1

日から令和11年４月１日までの間に開始した事業年度である場合の実績判
定期間を２年（改正前：５年）とされるとともに、判定基準寄附者数及び
その判定基準寄附者に係る寄附金の額の要件が、各事業年度（改正前：年
平均）の判定基準寄附者数が100人以上であること及びその寄附金の額の
各事業年度（改正前：年平均）の金額が30万円以上であることとされます。

イ　その学校法人等の直前に終了した事業年度終了の日以前２年内に終了
　した各事業年度のうち最も古い事業年度開始の日から起算して５年前の
　日以後に、所轄庁から特例の適用対象であることを証する書類が発行さ
　れていないこと。

ロ　私立学校法に規定する事業に関する中期的な計画その他これに準ずる
　計画であって、その学校法人等の経営改善に資するものを作成している
　こと。

　（注）　上記の各事業年度の判定基準寄附者数に係る要件については、現
　　　行の学校法人等の設置する学校等の定員の合計数が5,000人に満た
　　　ない事業年度に係る緩和措置及び学校法人等の公益目的事業費用等
　　　の額の合計額が１億円に満たない事業年度に係る緩和措置と同様の
　　　措置が講じられます。

②　国立大学法人、公立大学法人又は独立行政法人国立高等専門学校機構に
　対する寄附金のうち、適用対象となるその寄附金が学生等に対する修学の
　支援のための事業に充てられることが確実であるものの寄附金の使途に係
　る要件について、その使途の対象とされる各法人の行う事業の範囲に、次
　に掲げる事業が追加されます。

イ　障害のある学生等に対して、個々の学生等の障害の状態に応じた合理
　的な配慮を提供するために必要な事業

ロ　外国人留学生と日本人学生が共同生活を営む寄宿舎の寄宿料減額を目
　的として次に掲げる費用の一部を負担する事業

　（イ）　その寄宿舎の整備を行う場合における施設整備費

　（ロ）　民間賃貸住宅等を借り上げて当該寄宿舎として運営を行う場合に
　　　おける賃料

　　（注）　上記イの事業については、経済的理由により修学が困難な学
　　　　生等を対象とされる事業であることとの要件が適用されませ
　　　　ん。

5　調書等の提出方法の見直し

 改正前制度の概要

　改正前の支払調書、源泉徴収票、計算書又は給与支払報告書（以下「調書等」といいます。）の提出方法の概要について教えて下さい。

> **POINT**
>
> 　基準年（前々年）の提出枚数が100枚以上である調書等は、電子情報処理組織（e-Tax）等による提出が義務付けられています。

A　調書等のうち、その調書等の提出期限の属する年の前々年の1月1日から12月31日までの期間に提出すべきであった調書等の枚数が100以上であるものについては、その調書等に記載すべきものとされる事項を①e-Taxを利用する方法、②クラウド等を利用する方法、③光ディスク・磁気ディスク（以下「光ディスク等」といいます。）を提出する方法のいずれかにより所轄税務署長及び市町村の長に提出しなければならないこととされています（旧所法228の4①、旧相法59④〜⑥、旧措法42の2の2①、旧地法317の6⑥）。

　この場合において、電子的方法による提出義務のない調書等の提出義務者は、その者が提出すべき調書等の記載事項を記録した光ディスク等の提出をもって調書等の提出に代えることが可能（以下「調書等の光ディスク等による提出特例」といいます。）とされています（所法228の4②、所規97の4⑤、地法317の6⑦、地規48の9の8⑦）。

＜図表 I − 4＞　調書等の提出方法

Q2 調書等の提出義務の判断基準の見直し

　一層の電子化に向けた措置として、調書等の提出義務の判断基準が引き下げられたそうですが、その内容について教えて下さい。

POINT

　基準年（前々年）の提出枚数が30枚以上である調書等は、e-Tax等による提出が義務付けられます。

A　支払調書等の電子情報処理組織（e-Tax）を使用する方法等による提出義務制度について、提出義務の対象となるかどうかの判定基準となるその年の前々年に提出すべきであった支払調書等の枚数が30枚以上（改正前：100枚以上）に引き下げられます（所法228の4①、相法59⑤、措法42の2の2①、地法317の6⑥）。

Q3 適用関係

　Q2における調書等の光ディスク等による提出特例の承諾手続の見直しの適用関係について教えて下さい。

POINT

　令和9年1月1日から適用されます。

A　Q2の改正は、令和9年1月1日以後に提出すべき支払調書等について適用され、同日前に提出すべき支払調書等については、なお従前の例によります（令和6年改正法附則5・12②・37）。

6　本人確認の際に提示すべき書類の範囲

Q1　改正前制度の概要

改正前の閲覧申請者が納税者等本人であることの確認等の方法の改正前制度の概要について教えて下さい。

POINT

本人確認の方法については、所得税法及び租税特別措置法等によって定められています。

A　閲覧申請者が納税者等本人であることの確認又は代理人からの申請である場合の代理人本人であること及び代理権限の確認は、閲覧申請時（即時閲覧を実施しない場合の閲覧実施時を含みます。）に、次に掲げる方法により行うこととされます（「申告書等閲覧サービスの実施について（事務運営指針）」（平17・3・1官総1−15ほか：最終改正令6・3・22官公1−11））。

1　閲覧申請者が納税者等の場合

閲覧申請書に記載されている閲覧申請者の氏名及び住所又は居所と同一の氏名及び住所又は居所が記載されている次に掲げる書類のいずれかの提示を受けることにより本人確認を行います。

① 運転免許証
② 健康保険等の被保険者証
③ 個人番号カード
④ 住民基本台帳カード
⑤ 出入国管理及び難民認定法（昭和26年政令第319号）第19条の3に規定する在留カード
⑥ 日本国との平和条約に基づき日本の国籍を離脱した者等の出入国管理に関する特例法（平成3年法律第71号）第7条第1項に規定する特別永住者証明書
⑦ 上記①ないし⑥以外の法律又はその法律に基づく命令の規定により交付された書類であって、その閲覧申請者が本人であることが確認できるもの

2　閲覧申請者が代理人の場合

　代理人による閲覧申請については、前記1に掲げる書類のいずれかの提示を求めて代理人本人であることを確認するとともに、次の①～⑥に掲げる代理人の区分ごとに記載された書類のいずれかの提示を求めて、代理人であることを確認します。

　さらに、様式1－2「委任状（一般用）」及び印鑑証明又は様式1－3「委任状（税理士用）」の提出を求めて、申告書等を閲覧することについて納税者等から委任されている事実を確認します。

①　未成年者又は成年被後見人の法定代理人（注）（納税者が個人である場合に限ります。）

　　戸籍謄（抄）本、家庭裁判所の証明書又は登記事項証明書（後見登記等に関する法律（平成11年法律第152号）第10条第1項で申請日前30日以内に発行されたものに限ります。）

　（注）　法定代理人については、委任状及び印鑑証明の提出は要しません。

②　配偶者及び4親等以内の親族（納税者が個人である場合に限ります。）

　　戸籍謄（抄）本、住民票の写し（申請日前30日以内に発行されたものに限ります。）又は健康保険等の被保険者証等で本人との親族関係が確認できるもの

③　納税管理人（納税者が個人である場合に限ります。）

　　署内に保有している納税管理人の届出書

　（注）　納税管理人については、納税者本人の委任状の提出は要しますが、印鑑証明の提出は要しません。

④　税理士

　　税理士証票とされ、これを持参していない場合には、記章（バッジ）と運転免許証等の証票。

　（注）　税理士（通知弁護士を含みます。）については、令和6年4月1日以降に提出された税務代理権限証書に申告書等の閲覧に係る委任事項が記載されている場合には、委任状及び印鑑証明書の提出は不要であることに留意して下さい。

　　　　また、委任状を提出する場合においては、印鑑証明書の提出は要しません。

⑤　弁護士、行政書士

　　資格士業の証明書（弁護士の身分証明書、行政書士証票）とされ、こ

れを持参していない場合には、記章（バッチ）と運転免許証等の証票。

　行政書士については、その業務として作成できる書類（石油ガス税等に係るもの）に限ります。

⑥　法人の役員又は従業員

　役員又は従業員の地位を証する書類

３　受付方法

　管理運営部門の窓口担当者は、納税者等又はその代理人から、様式１－１「申告書等閲覧申請書」（以下「閲覧申請書」といいます。）の提出を受け、その記載内容及び提出書類を確認するとともに、閲覧申請をした者（以下「閲覧申請者」といいます。）が納税者等又はその代理人本人であることを確認します。その際、写真撮影を希望している場合には、閲覧申請書の同意事項を説明し確認を得ます。

　また、代理人が写真撮影を希望している場合には、原則として委任状にこれを希望する旨の記載があるときは認められます。

　ただし、申告書等が提出された当日の閲覧申請については、納税者等が申告書等を作成するに当たり、過去に提出した申告書等の内容を確認する必要がある場合を対象とする申告書等閲覧サービスの目的に鑑み、原則として認められません。

（注）　委任状に写真撮影を希望する旨が未記載（提出された委任状が様式１－２又は様式１－３以外の場合を含みます。）であって、代理人が写真撮影を希望する場合には、窓口担当者が委任者本人へ電話し、写真撮影を希望する旨の確認を得たときは認めても差し支えありません。

　　　この場合、閲覧申請書の「税務署整理欄」にその旨を記載します。

　なお、申告書等閲覧サービスは、本人確認を行った上で税務署の窓口で行うものであるので、送付（郵送等）による申請は受け付けません。電話等による問合せがあった場合には、閲覧申請に係る手続など一般的な説明のみを行うことに留意して下さい。

$\boxed{Q_2}$　本人確認の方法等の拡充

本人確認の方法等の拡充について教えて下さい。

┌─ **POINT** ─────────────────────────────────┐

　本人確認書類の提示に代えて、署名用電子証明書を送信する方法によることができることとされます。

└──┘

A　　所得税法及び租税特別措置法等の規定による本人確認の方法が、次のとおりとされます。

① 　行政手続における特定の個人を識別するための番号の利用等に関する法律の改正に伴い、国内に住所を有しない個人で個人番号を有するものに係る個人番号を証する書類の範囲に個人番号カードが追加されます。

　　また、その個人番号を証する書類の範囲から還付された個人番号カードが除外されます。

② 　健康保険法等の改正に伴い、本人確認書類の範囲に、健康保険法に規定する被保険者の資格の確認に必要な書面等が追加されます。

③ 　特別児童扶養手当等の支給に関する法律施行規則の改正を前提に、本人確認書類の範囲に、特別児童扶養手当受給証明書が追加されます。

Q3 適用関係

本人確認の方法等の拡充の適用関係について教えて下さい。

┌─ **POINT** ─────────────────────────────────┐

　番号利用法整備法の施行の日から適用されます。

└──┘

A　　Q2の改正は、行政手続における特定の個人を識別するための番号の利用等に関する法律の施行に伴う関係法律の整備等に関する法律（以下「番号利用法整備法」といいます。）附則3号に掲げる規定の施行の日から適用されます。

7　国民健康保険税の拡充

 課税限度額の引上げ

　中間所得者層の被保険者の負担に配慮するために国民健康保険税が拡充されたそうですが、その内容について教えて下さい。

POINT
課税限度額が引き上げられます。

A　　　国民健康保険税の後期高齢者支援金等課税額に係る課税限度額が24万円（改正前：22万円）に引き上げられます（地法703の４、地令56の88の２②）。

＜図表Ⅰ－5＞　国民健康保険税の課税限度額の引上げ

区　　　　　　　　分	課　税　限　度　額	
	改　正　前	改　正　後
基礎課税額に係る課税限度額	650,000円	
後期高齢者支援金等課税額に係る課税限度額	220,000円	240,000円
介護納付金課税額に係る課税限度額	170,000円	

Q₂ 減額の対象となる所得基準の引上げ

　経済動向等を踏まえて行われる低所得者に対する国民健康保険税の軽減措置の見直しについて教えて下さい。

POINT
減額の対象となる所得の基準が引き上げられます。

A　　　国民健康保険税の減額の対象となる所得の基準が、①5割軽減の対象となる世帯の軽減判定所得の算定において被保険者等の数に乗ずべき金額が29.5万円（改正前：29万円）、②2割軽減の対象となる世帯の軽減判定所得の算定において被保険者等の数に乗ずべき金額が54.5万円（改正前：53.5万円）に引き上げられます（地法703の5、地令56の89①②）。

＜図表Ⅰ－6＞　減額の対象となる所得の基準

区　　　　　分	被保険者の数に乗ずべき金額	
	改　正　前	改　正　後
5割軽減の対象となる世帯の軽減判定所得の算定	290,000円	295,000円
2割軽減の対象となる世帯の軽減判定所得の算定	535,000円	545,000円

Q3　適用関係

　Q1及びQ2における改正国民健康保険税の拡充の適用関係について教えて下さい。

POINT

　令和6年4月1日から適用されます。

A　　　Q1及びQ2の改正は、令和6年度以降の年分の国民健康保険税から適用され、令和5年度分までの国民健康保険税については、なお従前の例によります（令和6年改正地令附則7）。

コラム　国民健康保険税の負担増について

はじめに

　令和4年度税制改正では、令和6年度分以降の個人住民税における上場株式等の利子等・配当等に係る所得に対する課税方式が所得税の課税方式と一体化されました（地法32⑬・313⑬、令和4年改正地法附則4①・11

①・33の2②⑥）。この改正を受けて、個人住民税の課税所得の金額を基に決定される国民健康保険税（料）、介護保険料、後期高齢者保険料及び保育料等に大きな影響が生じます。

Ⅰ　国民健康保険税のしくみ

1　国民健康保険税とは

① 保険税方式

　　保険者たる市町村が国民健康保険に要する費用に充てるために税金を課する場合には、国民健康保険税とされます（地法703の4①）。

② 保険料方式

　　市町村が上記①の規定によらず保険料を徴収する場合又は国民健康保険組合が保険料を徴収する場合は、国民健康保険料とされます（国保76）。

③ 市区町村での採用

　　多くの市町村では、徴収権の時効が長くなること及び滞納処分の優先順位が高くなる等の理由から保険税方式を採用しています。ただし、保険税方式を採用している市町村であっても、納税者向けの納付書類では「保険料」と称しているケースもあります。

2　納税義務者

　　世帯を単位とし、被保険者の属する世帯の世帯主（市区町村の区域内に住所を有する世帯主に限ります。）に対し課されます（地法703の4①）。

3　課税額の算定

　　納税義務者及びその世帯に属する被保険者につき算定された次に掲げる額の合計額とされます（地法703の4②④⑫⑳、地令56の88の2、高齢医療50・51）。

① 基礎課税額（世帯の課税限度額65万円）

② 後期高齢者支援金等課税額（世帯の課税限度額24万円）

③ 40歳から64歳の者…介護納付金課税額（世帯の課税限度額17万円）

4　課税方式

　　上記3①～③の課税額の算定は、市区町村の条例によって、実態に即した応能・応益原則に基づいて、次に掲げるいずれかの課税方式によって行われます（地法703の4④⑥⑧⑬㉑）。

① 4方式…所得割総額（基礎控除後の総所得金額×税率）・資産割総額（固定資産税額等×税率）・被保険者均等割総額（均等割額×加入者数）・世帯別平等割総額（市区町村で個々に定めた金額）の合計額
② 3方式…所得割総額・被保険者均等割総額・世帯別平等割総額の合計額
③ 2方式…所得割総額・被保険者均等割総額の合計額

5 低所得者世帯の減額措置

低所得者世帯に対しては、市区町村の条例によって、上記3①～③に掲げる基礎課税額、後期高齢者支援金等課税額、介護納付金課税額のそれぞれに対し、上記4に掲げる被保険者均等割及び世帯別平等割の7割、5割又は2割が減額されます（地法703の5①②、地令56の89①）。

おわりに

上記4の課税方式のうち、所得割総額における基礎控除後の総所得金額の計算は、前年の個人住民税の総所得金額から基礎控除43万円（合計所得金額2,400万円以下）した金額とされます（地法703の4⑥）。この場合、上場株式等の利子等・配当等に係る所得については、申告不要（特定口座において源泉徴収ありの選択した場合を含みます。）とされた金額は所得額の計算に含まれません。また、個人住民税の所得控除は基礎控除のみが計算対象とされます。

そこで、上場株式等の利子等・配当等に係る所得について、所得税で総合課税を選択して配当控除により源泉徴収税額の還付を受ける場合には、基礎控除後の総所得金額の計算の対象とされ、国民健康保険税の負担増となるケースも生じます。住所地の市区町村の国民健康保険税の課税方式及び低所得者世帯の減額措置をホームページ等で確認した上、所得税、個人住民税及び国民健康保険税の負担が少なくなるような選択適用が必要となりますので留意して下さい。

《エッサム会報：令和6年4月号》

Ⅱ　金融証券税制

1　ストック・オプション税制の拡充

Q₁　改正前制度の概要

　特定の取締役等が受ける新株予約権の行使による株式の取得に係る経済的利益の非課税等（いわゆるストック・オプション税制）は、手元にキャッシュが乏しいスタートアップ企業にとって、人材を確保するための有効な手段となっていますが、その改正前制度の概要について教えて下さい。

POINT

　ストック・オプションを行使することにより取締役等が受ける経済的利益は、原則として給与所得等として課税されることとされます。ただし、いわゆる「税制適格ストック・オプション」の行使による株式の取得に係る経済的利益は非課税とされます。

A　ストック・オプションとは、株式会社等が自社又は子会社の取締役、執行役、使用人（一定の大口株主等を除きます。以下「取締役等」といいます。）若しくは権利承継相続人又はその株式会社の特定従事者等に対して付与する自社株式を一定の期間内にあらかじめ定められた権利行使の日における価額で購入することができる権利とされます。ストック・オプション税制の適用を受けて取得する「税制適格ストック・オプション」とその適用を受けないで取得する「税制非適格ストック・オプション」に区分されます（以下、合わせて「ストック・オプション等」といいます。）。

　なお、ストック・オプション等を行使する場合の課税関係は、次のとおりとされます。

1　原　則

　　株式会社等の取締役等が、その株式会社等の付与決議に基づき与えられ

た新株予約権若しくは新株引受権又は株式譲渡請求権を行使することにより株式を取得した場合における経済的利益については、給与所得、退職所得、一時所得、事業所得又は雑所得として課税されます（所基通23〜35共—6）。

この場合において、権利行使により取得する株式のその権利行使の日における価額からその権利行使に係る譲渡価額又は新株の発行価額などを控除した金額が経済的利益とされます（所令84③）。

2　例外（非課税となる税制適格ストック・オプション等）

会社法の規定に基づく決議により新株予約権（無償で発行されたものに限ります。）を与えられる者とされたその決議（以下「付与決議」といいます。）のあった株式会社若しくはその株式会社がその発行済株式（議決権があるものに限ります。）若しくは出資の総数等の100分の50を超える数等を直接若しくは間接に保有する関係にある法人の取締役等若しくは権利承継相続人又はその株式会社の特定従事者が、次に掲げる要件が定められた付与契約に従って権利行使した場合の経済的利益については、取得した株式を譲渡するまでその給与課税が繰り延べられ、株式を譲渡したときに株式譲渡益課税（申告分離課税）の対象として一括して課税されます（措法29の2、措令19の3）。

①　権利行使は、付与決議の日後2年を経過した日からその付与決議の日後10年又は15年（注）を経過する日までの間に行わなければならないこと。

（注）　スタートアップ企業の権利行使の期間の特例

ストック・オプション税制の適用対象となる新株予約権に係る契約を締結した株式会社が、次に掲げる要件を満たすもの（いわゆるスタートアップ企業）である場合には、その新株予約権の行使は、付与決議の日後15年を経過する日までの間に行うこととされます（措法29の2①一、措規11の3①）。

イ　株式会社が、付与決議の日においてその設立の日以後の期間が5年未満であること。

ロ　株式会社が、付与決議の日において金融商品取引所に上場され

　　　ている株式又は店頭売買登録銘柄として登録されている株式を発
　　　行する会社以外の会社であること。

②　権利行使価額の年間の合計額が1,200万円を超えないこと。

③　１株当たりの権利行使価額は、ストック・オプションの権利付与契約
　　締結時におけるその株式の１株当たりの価額相当額以上とされているこ
　　と。

④　新株予約権については、譲渡をしてはならないこととされていること。

⑤　新株予約権の行使に係る株式の交付がその交付のために付与決議がさ
　　れた募集事項の決定（会社238①）に定める事項に反しないで行われるも
　　のであること。

⑥　権利行使により取得する株式は、一定の方法によって金融商品取引業
　　者等の振替口座簿等に記載等がされること。

⑦　契約により新株予約権を与えられた者は、契約を締結した日から新株
　　予約権の行使の日までの間において国外転出をする場合には、国外転出
　　をする時までにその新株予約権に係る契約を締結した株式会社にその旨
　　を通知しなければならないこと。

⑧　契約により新株予約権を与えられた者に係る中小企業等経営強化法の
　　認定社外高度人材活用新事業分野開拓計画につき新株予約権の行使の日
　　以前に認定の取消しがあった場合には、その新株予約権に係る契約を締
　　結した株式会社は、速やかにその者にその旨を通知しなければならない
　　こと。

3　税制非適格ストック・オプションをその発行会社に譲渡した場合

　　居住者が株式を無償又は有利な価額により取得することができる権利を
　発行法人から与えられた場合において、その居住者又は居住者の相続人等
　がその権利をその発行法人に譲渡したときは、その譲渡の対価の額からそ
　の権利の取得価額を控除した金額を、その発行法人が支払をする事業所得
　に係る収入金額、給与所得の収入金額、退職所得の収入金額、一時所得に
　係る収入金額又は雑所得（公的年金等に係るものを除きます。）に係る収入
　金額とみなして課税されます（所法41の２・224の３）。

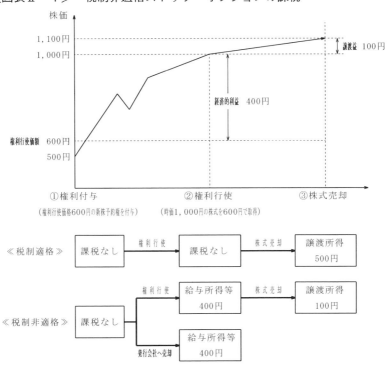

＜図表Ⅱ－1＞　税制非適格ストック・オプションの課税

Q2　株式保管委託要件の拡充

　非上場の段階でストック・オプションを行使し、株式に転換する場合、税制適格の対象とするためには、証券会社等と契約し、専用の口座を従業員ごとに開設した上で、その株式を保管委託する必要がありました。こうした対応は、金銭コスト・時間・手続負担の面からスタートアップの円滑なM＆Aを阻害し、問題視されていました。

　令和6年度税制改正では、こうした問題点を解決するため、税制適格ストック・オプションを活用する場合における株式保管委託要件が拡充されたそうですが、その内容について教えて下さい。

> **POINT**
>
> 　譲渡制限株式について、発行法人による株式の管理等がされる場合には、証券会社等による株式の保管委託に代えて、発行法人による株式の管理が可能とされます。

A　適用対象とされる新株予約権に係る契約の要件に、「新株予約権の行使に係る株式会社とその新株予約権を与えられた者との間であらかじめ締結される新株予約権の行使により交付をされるその株式会社の株式（譲渡制限株式に限ります。）の管理に関する取決め（その管理に係る契約が権利者の別に締結されるものであることその他の一定の要件が定められるものに限ります。）に従い、取得後直ちに、その株式会社により管理がされること」が追加され、現行の「新株予約権の行使により取得をする株式につき金融商品取引業者等の営業所等に保管の委託等がされること」との選択適用とされます（措法29の2①六）。

＜図表Ⅱ－2＞　株式保管委託要件の拡充

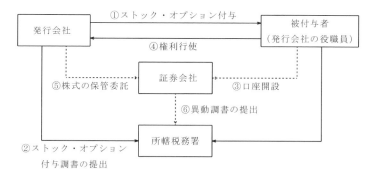

【改正後新設】発行会社による株式の管理制度（現行制度との選択可）

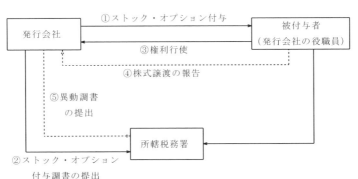

Q3 権利行使価額の限度額の引き上げ

　ユニコーン企業を目指してスタートアップが大きく成長するためには、レイタ―ステージから上場前後の企業価値が高くなった時期に更なる成長に必要な優秀な人材を採用する必要があります。

　令和6年度税制改正では、スタートアップの人材獲得力の向上を図る観点から、非上場会社又は上場後5年未満の上場会社企業が付与するストック・オプションの年間権利行使価額の限度額が引き上げられたそうですが、その内容について教えて下さい。

POINT

　設立5年未満の株式会社が付与したものは上限2,400万円、設立5年以上20年未満の非上場又は上場後5年未満の株式会社が付与したものは上限3,600万円とされます。

A　その年における新株予約権の行使に係る権利行使価額の限度額が、次のとおり引き上げられます（措法29の2①）。

① 設立の日以後の期間が5年未満の株式会社が付与する新株予約権
　…上限2,400万円（改正前：1,200万円）

② 設立の日以後の期間が5年以上20年未満である株式会社で、金融商品取引所に上場されている株式等の発行者である会社以外の会社（いわゆる非上場会社）

…上限3,600万円（改正前：1,200万円）

③ 設立の日以後の期間が5年以上20年未満である株式会社で、金融商品取引所に上場されている株式等の発行者である会社のうち上場等の日以後の期間が5年未満であるもの

…上限3,600万円（改正前：1,200万円）

＜図表Ⅱ－3＞　権利行使価額の限度額の引き上げ

区　　　　　　　　分	改　正　前	改　正　後
設立5年未満の株式会社		2,400万円
設立5年以上20年未満の株式会社　非上場会社	1,200万円	3,600万円
上場等後5年未満の上場株式		

Q4 適用関係

Q2及びQ3における権利行使価額の限度額の引き上げの適用関係について教えて下さい。

POINT

令和6年分以降から適用されます。

A 　Q2及びQ3の改正は、令和6年分以降の所得税から適用され、令和5年分以前の所得税については、なお従前の例によります（令和6年改正法附則31①）。

また、令和6年4月1日前に締結された付与契約（以下「旧契約」といいます。）でQ1の2①から⑧に掲げる要件が定められているもの（令和6年4月1日から令和6年12月31日までの間に行われた旧契約の変更により、次に

掲げる場合に該当することとなった場合には、Ｑ１の２①から⑧に定める旧契約を含みます。）は、改正後の適用要件を満たした付与契約とみなされます（令和６年改正法附則31②）。

① 旧契約に定められていたＱ１の２②に掲げる要件に代えて、改正後の権利行使価額の年間の合計額（措法29の２①二）に掲げる要件が定められた場合

　…その要件及びＱ１の２①から⑧に掲げる要件（Ｑ１の２②に掲げるものを除きます。）が定められている旧契約

② 旧契約に定められていたＱ１の２⑥に掲げる要件に代えてＱ３に掲げる要件が定められた場合（下記③に掲げる場合を除きます。）

　…その要件及びＱ１の２①から⑧に掲げる要件（Ｑ１の２②に掲げるものを除きます。）が定められている旧契約

③ 旧契約に定められていたＱ１の２②⑥に掲げる要件に代えてＱ２及びＱ３に掲げる要件が定められた場合

　…その要件及びＱ１の２①から⑧に掲げる要件（Ｑ１の２②⑥に掲げるものを除きます。）が定められている旧契約

Q5 社外高度人材に対するストック・オプション税制の拡充

　スタートアップ企業が社外人材を円滑に活用できるようにするため、ストック・オプション税制の社外高度人材の適用対象者の範囲が拡充されたそうですが、その内容について教えて下さい。

POINT

　新たに非上場会社の役員経験者等が追加されます。また、国家資格保有者等に求められていた３年以上の実務経験の要件が撤廃されます。

A 適用対象となる特定従事者に係る要件について、次に掲げる見直しが行われます。

1 認定新規中小企業者等に係る要件

　「新事業活動に係る投資及び指導を行うことを業とする者が新規中小企

業者等の株式を最初に取得する時において、資本金の額が5億円未満、かつ、常時使用する従業員の数が900人以下の会社であること」との要件が廃止されます。

2　社外高度人材に係る要件

①　「3年以上の実務経験があること」との要件が、金融商品取引所に上場されている株式等の発行者である会社の役員については「1年以上の実務経験があること」とされ、国家資格を有する者、博士の学位を有する者及び高度専門職の在留資格をもって在留している者については廃止されます。

②　社外高度人材の範囲に、次に掲げる者が追加されます。

　イ　教授及び准教授

　ロ　金融商品取引所に上場されている株式等の発行者である会社の重要な使用人として、1年以上の実務経験がある者

　ハ　金融商品取引所に上場されている株式等の発行者である会社以外の一定の会社の役員及び重要な使用人として、1年以上の実務経験がある者

　ニ　製品又は役務の開発に2年以上従事した者であって、本邦の公私の機関の従業員としてその製品又は役務の開発に従事していた期間の開始時点に対し、終了時点におけるその機関の全ての事業の試験研究費等が40％以上増加し、かつ、終了時点におけるその機関の全ての事業の試験研究費等が2,500万円以上であること等の一定の要件を満たすもの

　ホ　製品又は役務の販売活動に2年以上従事した者であって、本邦の公私の機関の従業員としてその製品又は役務の販売活動に従事していた期間の開始時点に対し、終了時点におけるその機関の全ての事業の売上高が100％以上増加し、かつ、終了時点におけるその機関の全ての事業の売上高が20億円以上であること等の一定の要件を満たすもの

　ヘ　資金調達活動に2年以上従事した者であって、本邦の公私の機関の従業員等としてその資金調達活動に従事していた期間の開始時点に対し、終了時点におけるその機関の資本金等の額が100％以上増加し、かつ、終了時点におけるその機関の資本金等の額が1,000万円以上であること等の一定の要件を満たすもの

＜図表Ⅱ－４＞　社外高度人材に対するストック・オプション税制の拡充

区　　　　　分		改　正　前	改　正　後
国家資格（弁護士・会計士等）の保有		3年以上の実務経験	廃　止
博士の学位を保有		3年以上の実務経験	廃　止
高度専門職の在留資格をもって在留		3年以上の実務経験	廃　止
教授及び准教授			追　加
上場企業の役員の経験者		3年以上の実務経験	1年以上の実務経験
非上場企業の役員・執行役員等の経験者			
先端人材		将来成長発展が期待される分野の先端的な人材育成事業に選定され従事していた者	
エンジニア営業担当者資金調達従事者等	製品又は役務の開発に2年以上従事（過去10年間）	一定の売上高要件を満たすこと	
			一定の支出要件を満たすこと
	製品又は役務の販売活動に2年以上従事（過去10年間）		一定の売上高要件を満たすこと
	資金調達活動に2年以上従事（過去10年間）		一定の資本金等要件を満たすこと

 認定手続の軽減

　ストック・オプションの認定手続の負担が軽減されたそうですが、その内容について教えて下さい。

> **POINT**
>
> 計画認定に際して必要な申請書類が簡素化されます。

A　権利者が付与決議の日において特定新株予約権の行使に係る株式会社の大口株主等に該当しなかったことを誓約する書面等について、その書面等の提出に代えて、その書面等に記載すべき事項を電磁的方法により提供できることとされます（措法29の2②③）。

Q7　適用関係

Q6におけるストック・オプションの認定手続の負担軽減の適用関係について教えて下さい。

> **POINT**
>
> 令和6年4月1日以後から適用されます。

A　Q6の改正は、令和6年4月1日以後にその新株予約権の行使に係る株式会社に対して行う電磁的方法による書面に記載すべき事項の提供について適用されます（令和6年改正法附則31③）。

2　エンジェル税制の拡充等

Q₁ 特定中小会社が発行した株式に係る課税の特例制度（現行）の概要

特定中小会社が発行した株式に係る課税の特例制度の概要について教えて下さい。

POINT

　特定中小会社への投資を行った個人投資家に対して、投資、譲渡及び解散等のタイミングに応じて課税の特例が設けられています。

A　特定中小会社により発行される株式（以下「特定株式」といいます。）を払込みにより取得した居住者等については、投資、譲渡及び解散等のタイミングに応じて、次の1から3に掲げる課税の特例制度が設けられています。

1　特定株式の取得に要した金額の控除等

　居住者等が、平成15年4月1日以降に、特定株式を払込みにより取得した居住者等が、その特定株式を払込みにより取得した場合におけるその年分の株式等の譲渡所得等の金額の計算については、その計算上、その年中に払込みにより取得した特定株式（その年の12月31日において有するものに限ります。）の取得に要した金額の合計額を控除することができます（措法37の13）。

　ただし、「特定新規中小会社が発行した株式を取得した場合の課税の特例（措法41の19)」の適用を受ける特定株式については、この特例を適用することができません（措法41の19②)。

<＜図表Ⅱ－5＞　投資段階の優遇

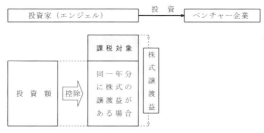

2　価値喪失株式に係る損失の金額の特例

　特定株式を払込みにより取得した居住者等について、その特定中小会社の設立の日からその特定中小会社が発行した株式に係る上場等の日の前日までの期間内に、その払込みにより取得した特定株式が株式としての価値を失ったことによる損失が生じた場合とされるその特定中小会社の清算結了等の一定の事実が発生したときは、その損失の金額とされる一定の金額は、その年分の株式等の譲渡に係る金額の計算上、その株式を譲渡したことにより生じた損失の金額とみなすことができます（措法37の13の2①）。

3　特定株式に係る譲渡損失の金額の繰越控除の特例

　確定申告書を提出する居住者等が、その年の前年以前3年以内の各年において生じた「特定株式に係る譲渡損失の金額（この特例の適用を受けることにより前年以前において控除されたものを除きます。）」のうち、その確定申告書に係る年分の株式等に係る譲渡所得等の金額の計算上控除してもなお控除し切れない金額を有するときは、一定の要件の下で、その控除し切れない金額は、その年の翌年以後3年以内の各年分の株式等に係る譲渡所得の金額からの繰越控除が認められます（措法37の13の2④）。

＜図表Ⅱ－6＞　ベンチャー企業が事業に失敗し、損失が生じた場合の優遇

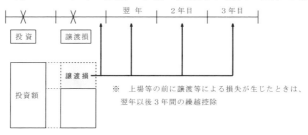

Q2 特定新規中小会社が発行した株式を取得した場合の課税の特例制度（現行）の概要

特定新規中小会社が発行した株式を取得した場合の課税の特例制度の概要について教えて下さい。

POINT

特定新規中小会社が発行した特定新規株式を払込取得した場合には、その取得に要した金額を寄附金控除することができます。

A 居住者等が、特定新規中小会社により発行される株式（以下「特定新規株式」といいます。）を払込み（その株式の発行に際してするものに限ります。）により取得をした場合において、その居住者等がその年中にその払込みにより取得をした特定新規株式の取得に要した金額（その金額の合計額が800万円を超える場合には、800万円）については、「寄附金控除（所法78）」の規定を適用することができます。

なお、この特例の適用を受けた場合には、その適用を受けた年の翌年以降、その適用を受けた特定新規株式に係る同一銘柄株式の取得価額を圧縮することができます（措法41の18の4①、措令26の28の3、措規19の11④⑤）。

Q3 特定中小会社及び特定新規中小会社の区分

特定中小会社及び特定新規中小会社（以下「特定中小会社等」といいます。）に対して、個人投資家が投資を行った場合に適用される特例制度を「いわゆるエンジェル税制」といいます。

そこで、特定中小会社等の定義の相違点と投資した年に受けられるエンジェル税制の概要について教えて下さい。

> POINT
>
> 　いずれも「中小企業の新たな事業活動の促進に関する法律第7条に規定する特定新規中小企業者に該当する株式会社」が適用範囲とされています。

A　特定中小会社とは、エンジェル税制の対象となる特定株式を発行する株式会社（措法37の13①）とされており、特定中小会社に投資を行った個人投資家に対しては、設立、投資、譲渡及び解散等のタイミングに応じて、「①特定株式の取得に要した金額の控除等（措法37の13）」、「②価値喪失株式に係る損失の金額の特例（措法37の13の2①）」及び「③特定株式に係る譲渡損失の金額の繰越控除の特例（措法37の13の2④）」の規定が適用できます。

　これに対して、特定新規中小会社とは、エンジェル税制の対象となる特定新規株式を発行する株式会社（措法41の18の4①）とされており、特定新規中小会社に投資を行った個人投資家に対しては、「寄附金控除（所法78）」の規定が適用できます。

　なお、特定中小会社等のいずれの区分においても「中小企業の新たな事業活動の促進に関する法律第6条に規定する特定新規中小企業者に該当する株式会社」が適用範囲に含まれており、それぞれの適用要件に該当すれば、どちらかの特例規定が選択可能とされています。

＜図表Ⅱ－7＞　エンジェル税制の概要（投資した年に受けられる所得税の優遇制度）

項　　目	特定中小会社が発行した株式に係る課税の特例制度	特定新規中小会社が発行した株式を取得した場合の課税の特例制度
優遇措置の内容	株式投資額の株式投資益からの控除による減額	株式投資額の所得控除による減税
投資先企業要件	設立10年未満の中小企業	設立5年未満の中小企業
		営業キャッシュフロー赤字

	新しい事業活動をする会社（①〜④の要件を満たす）であること	
	① 新事業活動従事者が2人以上かつ常勤の役員・従業員の10％以上	
	② 試験研究費等割合の要件 3％超、5％超	② 試験研究費等割合の要件 5％超
	③ 売上高成長率25％超	
	④ 外部株主割合1／6超	
	大企業の子会社でないこと	
控除上限金額	控除対象となる投資額の上限なし	次のいずれか低い金額 ① 800万円 ② 総所得金額×40％

Q4 保有株式の売却益を再投資した場合のエンジェル税制

　スタートアップは、社会的課題を成長のエンジンに転換し、持続可能な経済社会を実現する可能性を秘めています。創業数と創業規模の両面でわが国のスタートアップの成長を促していくためには、「創業」、「事業展開」及び「出口」の各段階を通じたインセンティブの充実が極めて重要と考えられています。

　令和5年度税制改正では、スタートアップ創出元年としてスタートアップへの投資額の5年10倍増に向けて、自らリスクを取って出資する創業者の行為を金銭面から力強く後押しするため、特定新規中小会社が設立の際に発行した株式の取得に要した金額の控除等の特例（いわゆる保有株式の売却益を再投資した場合のエンジェル税制）が創設されたそうですが、その制度の概要について教えて下さい。

POINT

　保有株式の譲渡益を元手に創業者が創業した場合には、再投資分につ

き20億円を上限に株式譲渡益が非課税とされる制度が創設されます。この上限額は、米国のQSBSに係る株式譲渡益の非課税措置の規模（約13.5億円）を上回る金額とされています。

A　令和5年4月1日以後に、その設立の日の属する年12月31日において中小企業等経営強化法に規定する特定新規中小企業者に該当する株式会社でその設立の日以後の期間が1年未満であることその他の一定の要件を満たすものによりその設立の際に発行される株式（以下「設立特定株式」といいます。）を払込みにより取得をした居住者等（その株式会社の発起人であることその他の一定の要件を満たすものに限ります。）は、その年分の一般株式等に係る譲渡所得等の金額又は上場株式等に係る譲渡所得等の金額からその設立特定株式の取得に要した金額の合計額（その一般株式等に係る譲渡所得等の金額及びその上場株式等に係る譲渡所得等の金額の合計額を限度）を控除する特例が創設され、特定中小会社が発行した株式の取得に要した金額の控除等及び特定新規中小会社が発行した株式を取得した場合の課税の特例と選択して適用できることとされます（措法37の13の2・41の18の4）

この場合において、その取得をした設立特定株式の取得価額は、その控除をした金額のうち20億円を超える部分の金額をその取得に要した金額から控除した金額とされます（措令25の12の2）。

<図表Ⅱ－8>　保有株式の売却益を再投資した場合のエンジェル税制

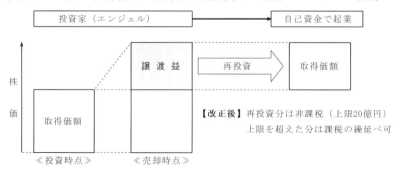

Q5 適用対象会社

　Q4の適用対象とされる会社は、どのような会社とされるのか教えて下さい。

> **POINT**
>
> 　その設立の日の属する年12月31日において中小企業等経営強化法に規定する特定新規中小企業者に該当する株式会社でその設立の日以後の期間が1年未満であることその他の一定の要件を満たすものとされます。

A　その設立の日の属する年12月31日において中小企業等経営強化法に規定する特定新規中小企業者に該当する株式会社で、次に掲げる要件を満たすものとされます（措令25の12⑧⑨、措規18の15の2）。

① その設立の日以後の期間が1年未満の中小企業者であること。

② 販売費及び一般管理費の出資金額に対する割合が100分の30を超えることその他の要件を満たすこと。

③ 特定の株主グループの有する株式の総数が発行済株式の総数の100分の99を超える会社でないこと。

④ 金融商品取引所に上場されている株式等の発行者である会社でないこと。

⑤ 発行済株式の総数の2分の1を超える数の株式が一の大規模法人及びその大規模法人と特殊の関係のある法人の所有に属している会社又は発行済株式の総数の3分の2以上が大規模法人及び当該大規模法人と特殊の関係のある法人の所有に属している会社でないこと。

⑥ 風俗営業又は性風俗関連特殊営業に該当する事業を行う会社でないこと。

Q6 プレシード・シード期のスタートアップへの投資へのエンジェル税制

事業化前段階（プレシード・シード期）では、事業成功の見通しが不透明でリスクが高い投資領域で機関投資家が投資しにくいステージとなっています。

令和5年度税制改正では、特に資金の集まりにくい創業初期のプレシード・シード期におけるエンジェル投資家からのスタートアップへの投資を一層呼び込むため、エンジェル税制の要件緩和が行われたそうですが、その制度の概要について教えて下さい。

POINT

　プレシード・シード期のスタートアップへの投資について、20億円を上限に課税の繰り延べ制度から非課税制度に変更され、外部資本要件が20分の1（改正前：6分の1）以上に引き下げる等の見直しが行われます。

A　特定中小会社が発行した株式の取得に要した金額の控除等及び特定中小会社が発行した株式に係る譲渡損失の繰越控除等について、次の見直しが行われます（措法37の13・37の13の3、措令25の12の2・25の13の3、措規18の15・18の15の2の2）。

① 　居住者等が、特定株式（次に掲げる要件を満たすものに限ります。）を払込みにより取得をした場合には、その取得をした特定株式の取得価額から控除する特定中小会社が発行した株式の取得に要した金額の控除等の適用を受けた金額から、その特定株式の取得に要した金額の合計額とその取得をした年分の一般株式等に係る譲渡所得等の金額及び上場株式等に係る譲渡所得等の金額の合計額（20億円を超える場合には、20億円）とのいずれか低い金額を控除することとされます。

　イ 　中小企業等経営強化法に規定する特定新規中小企業者に該当する株式会社により発行される株式又は内国法人のうち設立の日以後10年を経過していない中小企業者に該当するものその他一定の要件を満たすものに

より発行される株式で投資事業有限責任組合契約に従って取得若しくは
電子募集取扱業務により取得をされるものに該当すること。
ロ　その株式を発行した株式会社（その設立の日以後の期間が５年未満の
ものに限ります。）が、設立後の各事業年度の営業損益金額が零未満であ
り、かつ、その各事業年度の売上高が零であること又は前事業年度の試
験研究費その他中小企業等経営強化法施行令第３条第１項に規定する費
用の合計額の出資金額に対する割合が100分の30を超えることその他の
要件を満たすものであること。
②　適用対象となる特定新規中小企業者（上記①ロの要件を満たす株式会社
に限ります。）の特定の株主グループの有する株式の総数が発行済株式の
総数の６分の５を超える会社でないこととの要件については、特定の株主
グループの有する株式の総数が発行済株式の総数の20分の19を超える会社
でないこととされます。

コラム　プレシード・シード期のスタートアップとは

　プレシード・シード期（ビジネスコンセプト及びビジネスモデルはあ
るが、プロダクトが存在しない段階）とは、現行のエンジェル税制の対
象企業である未上場ベンチャー企業のうち、①設立５年未満、②前事業
年度まで売上が生じていない又は売上が生じているが前事業年度の試験
研究費等が出資金の30％超、③営業損益がマイナス、等という状況であ
ることを指します。

Q7 譲渡段階での優遇措置

　Ｑ４及びＱ６に掲げるスタートアップ株式の売却により損失が生じた場合
の取り扱いについて教えて下さい。

POINT

　その年の他の株式譲渡益からその損失額が控除可能とされます。ま
た、控除しきれなかった損失額については、翌年以降３年間にわたって

繰越控除が可能とされます。

A　　特定中小会社が発行した株式に係る譲渡損失の繰越控除等の適用対象となる株式の範囲に、Q4の居住者等が取得した設立特定株式が追加されます（措法37の13の3①）。

Q8 適用対象範囲の拡充

エンジェル税制（優遇措置A、優遇措置B、プレシード・シード特例）及び株式譲渡益を元手としたスタートアップへの再投資に対する非課税措置（起業特例）について、株式の取得のみが対象とされています。

令和6年度税制改正では、スタートアップ創出促進の観点から、これら制度の適用対象範囲が拡充されたそうですが、その内容について教えて下さい。

POINT

一定の新株予約権の取得金額も対象に追加されるとともに、指定金銭信託（単独運用）を通じた投資も追加されます。

A　　特定中小会社が発行した株式の取得に要した金額の控除等及び特定中小会社が発行した株式に係る譲渡損失の繰越控除等の適用対象範囲が、次のとおり見直されます（措令26の28の3③）。

① 　適用対象となる特定新規中小企業者に該当する株式会社等により発行される特定株式の取得に要した金額の範囲に、その特定株式がその株式会社等により発行された一定の新株予約権の行使により取得をしたものである場合におけるその新株予約権の取得に要した金額が追加されます。

② 　適用対象に、特定新規中小企業者に該当する株式会社等により発行される特定株式を一定の信託を通じて取得をした場合が追加されます。

③ 　本特例の適用を受けた控除対象特定株式に係る同一銘柄株式の取得価額の計算方法について、特定新規中小会社が発行した株式を取得した場合の課税の特例の適用を受けた控除対象特定新規株式に係る同一銘柄株式の取得価額の計算方法と同様とする見直しが行われます。

Q9 手続規定の簡素化

適用対象となる国家戦略特別区域法に規定する特定事業を行う株式会社に
係る確認手続が簡素化されたそうですが、その内容について教えて下さい。

POINT

　国家戦略特別区域担当大臣へ提出する申請書への添付書面が簡素化さ
れます。

A　　特定新規中小会社が発行した株式を取得した場合の課税の特例に
ついて、適用対象となる国家戦略特別区域法に規定する特定事業を
行う株式会社に係る確認手続において、次に掲げる書類については、国家戦
略特別区域担当大臣へ提出する申請書への添付を要しないこととされます。
① 株式の発行を決議した株主総会の議事録の写し、取締役の決定があった
　ことを証する書面又は取締役会の議事録の写し
② 個人が取得した株式の引受けの申込み又はその総数の引受けを行う契約
　を証する書面

Q10 発行期限の延長

Q9における特定新規中小会社が発行した株式を取得した場合の課税の特
例の発行期限が延長されたそうですが、その内容について教えて下さい。

POINT

　適用期限が令和8年3月31日まで2年延長されます。

A　　Q9における特定新規中小会社により発行される株式の発行期限
が令和8年3月31日（改正前：令和6年3月31日）まで2年延長さ
れます（措法41の19①四）。

Q11　手続規定の簡素化

適用対象となる地域再生法に規定する特定地域再生事業を行う株式会社に係る確認手続が簡素化されたそうですが、その内容について教えて下さい。

POINT

認定地方公共団体へ提出する申請書への添付書面が簡素化されます。

A　適用対象となる地域再生法に規定する特定地域再生事業を行う株式会社に係る確認手続において、次に掲げる書類については、認定地方公共団体へ提出する申請書への添付を要しないこととされます。

① 株式の発行を決議した株主総会の議事録の写し、取締役の決定があったことを証する書面又は取締役会の議事録の写し

② 個人が取得した株式の引受けの申込み又はその総数の引受けを行う契約を証する書面

Q12　発行期限の延長

Q11における特定新規中小会社が発行した株式を取得した場合の課税の特例の発行期限が延長されたそうですが、その内容について教えて下さい。

POINT

適用期限が令和8年3月31日まで2年延長されます。

A　Q11における特定新規中小会社により発行される株式の発行期限が令和8年3月31日（改正前：令和6年3月31日）まで2年延長されます（措法41の19①五）。

Q₁₃ 適用関係

Q8～12におけるエンジェル税制の適用対象範囲拡充等の適用関係について教えて下さい。

POINT

令和6年4月1日以後から適用されます。

A　Q8～12の改正は、個人が令和6年4月1日以後に払込みにより取得する新株予約権の行使により取得する特定新規株式について適用されます（令和6年改正措令附則10①）。

3　非課税口座内の少額上場株式等に係る配当所得及び譲渡所得等の非課税制度（NISA制度）の利便性向上等

 NISA制度の概要

　資産所得倍増プラン（新しい資本主義実現会議：令和４年11月28日決定）では、NISA制度は主に中間層の資産形成の入り口として定着しつつありますが、その活用割合は２割に低迷しており、さらに活用を促す余地があるとされていました。

　令和５年度税制改正では、家計金融資産を貯蓄から投資にシフトされるため、令和６年１月１日からNISA制度の予見可能性を高め、制度をシンプル化する見直しが行われましたが、その見直されたNISA制度の概要について教えて下さい。

POINT

　NISA制度の恒久化、非課税保有期間の無期限化及び非課税限度額の引き上げ等の見直しが行われました。

　令和６年１月１日から施行されたNISA制度の見直された概要は、次のとおりとされます。

1　NISA制度の恒久化

　若年期から高齢期に至るまで、長期・積立・分散投資による継続的な資産形成を行えるよう、非課税保有期間が無期限化されました。

　また、口座開設可能期間についても期限が設けられず、NISA制度が恒久的な制度とされました。

2　特定累積投資勘定（つみたて投資枠）の創設

　個人のライフステージに応じて、資金に余裕があるときに短期間で集中的な投資を行うニーズにも対応可能とする観点から、特定累積投資勘定（つみたて投資枠）について、旧つみたてNISAの水準（年間40万円）の３倍と

なる120万円まで拡充されました。

3　特定非課税管理勘定（成長投資枠）の創設

　企業の成長投資につながる家計から資本市場への資金の流れを一層強力に後押しする観点から、上場株式への投資が可能な現行の一般NISAの役割を引き継ぐ特定非課税管理勘定（成長投資枠）が設けられ、「積立投資枠」との併用が可能とされました。

　また、「成長投資枠」の年間投資上限額については、旧一般NISAの水準（年間120万円）の２倍となる240万円まで拡充されました。これにより、年間投資上限額の合計は360万円となり、英国ISA（約335万円）を上回る規模となります。

4　生涯非課税限度額

　投資余力が大きい高所得者層に対する際限ない優遇とならないようにするため、一生涯にわたる非課税限度額が設定されました。その総額については、老後等に備えた十分な資産形成を可能とする観点から、旧つみたてNISAの水準（800万円）から倍増以上となる1,800万円とされました。また、「成長投資枠」については、その内数として旧一般NISAの水準（600万円）の２倍となる1,200万円とされました。

5　投資対象商品

　NISA制度は安定的な資産形成を目的とするものであることを踏まえ、「成長投資枠」について、高レバレッジ投資信託などの商品は投資対象から除外されました。

　また、金融機関が顧客に対して「成長投資枠」を活用した回転売買を無理に勧誘するような行為を規制するため、金融庁における金融機関に対する監督及びモニタリングが強化されます。

　なお、商品性について内閣総理大臣が告示で定める要件を満たしたものに限定されます。

6　改正前制度との関係

　旧一般NISA及び旧つみたてNISAについては、令和５年12月31日で買い付けが終了となりましたが、非課税口座内にある商品については、新しいNISA制度における非課税限度額の外枠で、改正前の取扱いが継続できることとされています。

<図表II－9>　NISA制度の概要

項　　　目	特定非課税管理勘定（成長投資枠）	特定累積投資勘定（つみたて投資枠）
年間の投資上限額	240万円	120万円
非課税期間（注1）	無期限化	
生涯非課税限度額（総枠）（注2）	1,800万円　※簿価残高方式で管理（枠の再利用が可能） 1,200万円（内数）	
口座開設可能期間	恒久化	
投資対象商品	上場株式・公募株式投資信託等（注3）	積立・分散投資に適した一定の公募株式投資信託（注4）
対象年齢	18歳以上	
選択適用	併用可能	
改正前制度との関係	令和5年度末までに現行の一般NISA制度及びつみたてNISA制度において投資した商品は、新しい制度の外枠で、改正前制度における非課税制度を適用	

（注1）　非課税保有期間の無期限化に伴い、現行のつみたてNISAと同様、定期的に利用者の住所等を確認し、制度の適正な運用を担保。

（注2）　利用者それぞれの生涯非課税限度額については、金融機関から既存の認定クラウドを活用して提出された情報を国税庁において管理。

（注3）　安定的な資産形成につながる投資商品に絞り込む観点から、高いレバリッジ投資信託などを対象から除外。

（注4）　金融機関による「特定非課税管理勘定（成長投資枠）」を使った回転売買への勧誘行為に対し、金融庁が監督指針を改正し、法令に基づき監督及びモニタリングを実施する旨を明記。

　　　　なお、商品性について内閣総理大臣が告示で定める要件を満たしたものに限定。

Q2 手続のデジタル化

「資産所得倍増プラン」を受け、令和6年1月1日から5年間でNISA総口座数・買付額を倍増させる目標達成に向け、令和6年1月1日から新しいNISA制度については、投資未経験者も含めて、利用者が簡単に活用できるようにする必要があります。

令和6年度税制改正では、サービスを提供する金融機関や利用者の負担を軽減する観点から、デジタル技術の活用等により、NISA制度に係る手続の簡素化・合理化等の見直しが行われたそうですが、その内容について教えて下さい。

POINT

　金融機関変更に伴う通知書等について、書面の添付・添付に代えて、電磁的方法によりその通知書に記載すべき事項の提供等ができることとされます。

A　非課税口座を開設し又は開設していた居住者等は、勘定廃止通知書又は非課税口座廃止通知書を添付した非課税口座開設届出書の提出に代えて、勘定廃止通知書記載事項若しくは非課税口座廃止通知書記載事項の記載をした非課税口座開設届出書の提出又は非課税口座開設届出書の提出と併せて行われる電磁的方法による勘定廃止通知書記載事項若しくは非課税口座廃止通知書記載事項の提供等ができることとされます（措法37の14⑩）。

金融商品取引業者等の営業所の長は、勘定廃止通知書又は非課税口座廃止通知書の交付に代えて、電磁的方法による勘定廃止通知書記載事項又は非課税口座廃止通知書記載事項の提供ができることとされます（措法37の14⑮⑱）。

金融商品取引業者等の営業所に非課税口座を開設している居住者等は、勘定廃止通知書又は非課税口座廃止通知書の提出に代えて、電磁的方法による勘定廃止通知書記載事項又は非課税口座廃止通知書記載事項の提供等ができることとされます（措法37の14⑲）。

<図表Ⅱ－10>　金融機関変更時の手続におけるデジタル化の促進

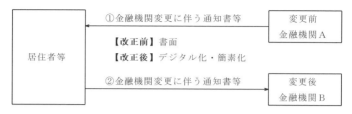

Q3　適用関係

Q2におけるNISA制度に係る手続の簡素化・合理化等の見直しの適用関係について教えて下さい。

POINT

令和6年4月1日以後から適用されます。

A　Q2の改正は、令和6年4月1日以後に金融機関変更に伴う通知書等の手続をする場合について適用され、令和6年4月1日前に手続をした場合は、なお従前の例によることとされます（令和6年改正法附則33②〜⑤）。

Q4　適用対象範囲の拡充

NISA制度は株式の取得のみが対象とされていますが、スタートアップを大きく・早く成長させる観点から、適用対象範囲が拡充されたそうですが、その内容について教えて下さい。

┌─ **POINT** ───┐

　受入期間内に受け入れた上場株式等の取得対価の額の合計額が240万円を超えないこと等の要件を満たすことにより特定非課税管理勘定に受け入れることができる上場株式等の範囲に、上場株式等について与えられた新株予約権の行使により取得をした上場株式等その他の一定のものが追加されます。

└──┘

A　　非課税口座内上場株式等について与えられた新株予約権で一定のものの行使等に際して金銭の払込みをして取得した上場株式等について、①非課税口座が開設されている金融商品取引業者等を経由して払込みをすること、②金融商品取引業者等への買付けの委託等により取得した場合と同様の受入期間、③取得対価の額の合計額が240万円を超えないこと等の要件を満たす場合に限り、特定非課税管理勘定に受け入れることができることとされます（措法37の14⑤六ハ、措令25の10の2㉙㉚・25の13㉚）。

　また、その上場株式等が、非課税管理勘定又は特定非課税管理勘定に受け入れることができる非課税管理勘定又は特定非課税管理勘定に係る上場株式等の分割等により取得する上場株式等の範囲から除外されます（措令25の13⑫十）。

　なお、その上場株式等が、特定口座に受け入れることができる上場株式等の範囲に追加されます。

───

Q5　適用関係

　Q4におけるNISA制度の適用対象範囲拡充の適用関係について教えて下さい。

┌─ **POINT** ───┐

　令和6年4月1日以後から適用されます。

└──┘

A 　Q4の改正は、令和6年4月1日以後に取得をする上場株式等について適用され、令和6年4月1日前に取得をした上場株式等については、なお従前の例によることとされます（令和6年改正法附則33①、令和6年改正措令附則6①②・8）。

4　支払通知書等の提出方法の見直し

Q₁　配当等の支払通知書等の提出方法の簡素化

　投資家等に配当等の支払調書等を電子交付する場合の承諾手続が簡素化されたそうですが、その内容について教えて下さい。

POINT

　みなし承諾方法が追加されます。

A　次に掲げる書類又は書面の交付又はその書面による通知をする者が、その交付又は通知を受ける者に対し、その交付又は通知に代えてこれらの書類又は書面に記載すべき事項を電磁的方法により提供するための要件であるその交付又は通知を受ける者の承諾手続に、その交付又は通知を受ける者に対し期限を定めてその承諾を求め、その交付又は通知を受ける者がその期限までにこれを拒否する旨の回答をしない場合には、その交付又は通知をする者はその承諾を得たものとみなす方法が追加されます（所令352の4①、所規72の4⑩・72の6⑩・92の3②、措規5の4の2⑪・5の4の3⑧・5の4の4⑨・5の4の5⑧）。

① 　オープン型証券投資信託の収益の分配の支払通知書
② 　配当等とみなす金額に関する支払通知書
③ 　通知外国所得税の額等が記載された書面
④ 　上場株式配当等の支払通知書
⑤ 　特定口座年間取引報告書
⑥ 　特定割引債の償還金の支払通知書
⑦ 　控除外国所得税相当額等が記載された書面

Q₂ 適用関係

　Ｑ１における配当等の支払通知書等の提出方法の簡素化の適用関係について教えて下さい。

> **POINT**
>
> 　令和６年４月１日以後から適用されます。

A　　Ｑ１の改正は、「支払通知書（所法225③)」に規定する支払をする者、内国法人、外国法人、特定目的会社、投資法人又は受託法人が施行日（令和６年４月１日）以後に行う支払通知書等の通知について適用されます（令和６年改正所規附則41)。

5　適用期限の延長・廃止等

Q₁ 適用期限が延長・廃止される措置

　金融証券税制について適用期限が延長又は廃止等される特別措置について教えて下さい。

POINT

　以下の特別措置について適用期限が延長、廃止又は縮減等されます。

A　　1　非課税口座内上場株式等の配当等に係る金融商品取引業者等の要件について、国外において発行された株式の配当等に係る支払の取扱者でその者に開設されている非課税口座においてその株式のみを管理していることその他の要件を満たす場合には、口座管理機関に該当することとの要件が不要とされます。

2　累積投資上場株式等の要件のうち上場株式投資信託の受益者に対する信託報酬等の金額の通知に係る要件について廃止されます。

　　また、特定非課税管理勘定で管理する公募株式投資信託については、その特定非課税管理勘定に係る非課税口座が開設されている金融商品取引業者等は、その受益者に対して、その公募株式投資信託に係る信託報酬等の金額を通知することとされます。

3　特定口座内保管上場株式等の譲渡等に係る所得計算等の特例等について、特定口座に受け入れることができる上場株式等の範囲に、居住者等が金融商品取引業者等に開設する非課税口座及び特定口座に係る同一銘柄の上場株式等について生じた株式の分割等により取得する上場株式等（当該非課税口座又は特定口座に受け入れることができるものは除かれます。）が追加されます。

Ⅲ　住宅土地税制

1　子育て世帯等に対する住宅ローン控除の拡充

Q1　借入限度額の上乗せ措置の概要

　令和4年度税制改正では、本格的な人口減少・少子高齢化社会が到来する中、2050年カーボンニュートラルの実現の観点から、住宅ローン控除の借入限度額の上乗せ措置が創設されたそうですが、その現行制度の概要について教えて下さい。

> **POINT**
> 　認定住宅、ZEH水準省エネ住宅及び省エネ基準適合住宅について、借入限度額の上乗せ措置が創設されました。

A　本格的な人口減少・少子高齢化社会が到来する中、2050年カーボンニュートラルの実現の観点から、新築住宅及びリフォームにより良質化した上で販売する買取再販売住宅（個人・法人から中古物件を廉価で買い取り、設備の充実化・省エネ化・バリアフリー化・耐震補強工事等のリノベーションを行った上、新たに購入を考えている個人にあっせんするための住宅）において、①認定住宅（認定長期優良住宅・認定低炭素住宅）、②ZEH（ゼッチ）（ネット・ゼロ・エネルギー・ハウス）水準省エネ住宅（断熱性を高めるなどで年間のエネルギー収支をゼロ以下にした住宅）及び③省エネ基準適合住宅について、住宅ローン控除の借入限度額の上乗せ措置が創設されました。

＜図表Ⅲ－1＞　住宅ローン控除の現行制度の概要

居住年	対象住宅	借入限度額	控除率	控除期間	各年の控除限度額
令和4年・令和5年	認定住宅（注1）	5,000万円	0.7%	13年	35万円
	ZEH水準省エネ住宅（注1）	4,500万円			31.5万円

	省エネ基準適合住宅（注1）	4,000万円			28万円
	上記以外の住宅(注2)	3,000万円			21万円
令和6年・令和7年	認定住宅（注1）	4,500万円	0.7%	13年	31.5万円
	ZEH水準省エネ住宅（注1）	3,500万円			24.5万円
	省エネ基準適合住宅（注1）	3,000万円			21万円
	上記以外の住宅	2,000万円		10年	14万円

（注1）　認定住宅等で中古住宅の場合における借入限度額は一律3,000万円、控除
　　　　期間は一律10年とされます。
（注2）　中古住宅の場合又は住宅の増改築等における借入限度額は一律2,000万円、
　　　　控除期間は一律10年とされます。

住宅土地税制

Q2　床面積要件（下限）の緩和の概要

　住宅ローン控除における床面積要件は、原則として家屋の床面積が50m²以
上とされています。
　令和4年度税制改正では、社会環境の大きな変化や人々の価値観の多様化
に応じた豊かな住生活・無理のない負担での住宅の確保を実現させる観点か
ら、床面積要件が緩和されたそうですが、その現行制度の概要について教え
て下さい。

POINT

　令和5年以前に建築確認を受けた新築住宅については、合計所得金額
が1,000万円以下の者に限り、40m²以上（改正前：原則50m²以上）に緩和
されました。

A　個人が取得等をした床面積が40m²以上50m²未満である住宅の用に供する家屋で令和5年12月31日以前に建築確認を受けたものの新築又はその家屋で建築後使用されたことのないものの取得についても、住宅ローン控除の適用ができることとされます。

　ただし、その者の控除期間のうち、その年分の所得税に係る合計所得金額が1,000万円を超える年については、適用されません（措法41⑱）。

Q3　子育て世帯等に対する住宅ローン控除の拡充

　子育て世帯は、安全・快適な住宅の確保や、こどもを扶養する者に万が一のことがあった際のリスクへの備えなど、様々なニーズを抱えています。子育て支援を進めるためには、税制においてこうしたニーズを踏まえた措置を講じていくとの観点から、①子育て世帯等に対する住宅ローン控除の拡充、②子育て世帯等に対する住宅リフォーム税制の拡充、③子育て世帯に対する生命保険料控除の拡充、④扶養控除等の見直しを併せて行う子育て支援に関する政策税制が検討されています。

　令和6年度税制改正では、若者夫婦世帯又は子育て世帯に対する住宅ローン控除の借入限度額の上乗せ措置が拡充されたそうですが、その内容について教えて下さい。

POINT

　夫婦のいずれかが40歳未満の世帯又は19歳未満の子を有する世帯について、新築等の認定住宅については500万円、新築等のZEH水準省エネ住宅・省エネ基準適合住宅については1,000万円の借入限度額が上乗せされます。

A　個人で、①年齢40歳未満であって配偶者を有する者、②年齢40歳以上であって年齢40歳未満の配偶者を有する者、③年齢19歳未満の扶養親族を有する者のいずれかに該当する者（以下「特例対象個人」といい

ます。)が、認定住宅等の新築若しくは認定住宅等で建築後使用されたことの
ないものの取得又は買取再販認定住宅等の取得(以下「認定住宅等の新築等」
といいます。)をして令和6年1月1日から令和6年12月31日までの間に居
住の用に供した場合の住宅借入金等の年末残高の限度額(いわゆる借入限度
額)が<図表Ⅲ-2>のとおりとされ、住宅ローン控除の適用ができます(措
法41⑬、41の2②二)。

　なお、その他の要件等は、現行の住宅ローン控除と同様とされます。

<図表Ⅲ-2>　住宅ローン控除の借入限度額(令和6年)

借入限度額 / 住宅の区分	改　正　前	改　正　後	
		特例対象個人	左記以外
認定住宅	4,500万円	5,000万円	4,500万円
ZEH水準省エネ住宅	3,500万円	4,500万円	3,500万円
省エネ基準適合住宅	3,000万円	4,000万円	3,000万円
上記以外の住宅	2,000万円		

Q4　年齢の判定基準

　Q3における個人、配偶者及び扶養親族の年齢の判定基準は、いつ行うの
か教えて下さい。

POINT

　令和6年12月31日の現況によるものとされます。

A　Q3における個人若しくは配偶者の年齢が40歳未満であるかどう
か若しくは扶養親族の年齢が19歳未満であるかどうか又はその者が
個人の配偶者若しくは扶養親族に該当するかどうかの判定は、令和6年12月
31日(これらの者が年の中途において死亡した場合には、その死亡の時)の
現況によるものとされます(措法41⑭)。

床面積要件（下限）の緩和の継続

　子育て世帯においては、住宅取得において駅近等の利便性がより重視される傾向にあること等を踏まえ、令和４年税制改正で行われた新築住宅の床面積要件（下限）の緩和が継続されるそうですが、その内容について教えて下さい。

POINT

　床面積要件の緩和が令和６年12月31日以前に建築確認を受けた家屋についても適用できることとされます。

A　個人が取得等をした床面積が40m²以上50m²未満である住宅の用に供する家屋で令和６年12月31日（改正前：令和５年12月31日）以前に建築確認を受けたものの新築又はその家屋で建築後使用されたことのないものの取得についても、住宅ローン控除の適用ができることとされます（措法41㉑・41の２②二）。

　ただし、その者の控除期間のうち、その年分の所得税に係る合計所得金額が1,000万円を超える年については、適用されません（措法41㉑）。

適用関係

　Ｑ３からＱ５における子育て世帯等に対する住宅ローン控除の拡充の適用関係について教えて下さい。

POINT

　令和６年４月１日から適用されます。

A　Ｑ３からＱ５の改正は、令和６年４月１日から適用されます（令和６年改正法附則１）。

2 認定住宅等の新築等をした場合の所得税額の特別控除の見直し

Q 1 改正前制度の概要

　令和4年度税制改正では、脱炭素社会に向けた住宅循環システムの構築と良質な住宅ストックの形成のために、投資型減税である認定住宅等の新築等をした場合の所得税額の特別控除の対象にZEH水準省エネ住宅が追加されましたが、その改正前制度の概要について教えて下さい。

POINT

　標準的な工事費用の額の10%相当額（上限650万円）の税額控除限度額が居住の用に供した年分の所得税額から控除できます。

A　個人が、国内において、認定住宅及びZEH水準省エネ住宅（以下「認定住宅等」といいます。）の新築等の取得をして、令和5年12月31日までの間にその者の居住の用に供した場合（これらの認定住宅等をその新築の日又はその取得の日から6月以内にその者の居住の用に供した場合に限ります。）には、その者のその居住の用に供した日の属する年分の所得税の額から、これらの認定住宅等について講じられた構造及び設備に係る標準的な費用の額（その金額が650万円を超える場合には、650万円）の10%相当額（以下「税額控除限度額」といいます。）が控除できます。この場合において、その税額控除限度額が、その者のその年分の所得税の額を超えるときは、その控除を受ける金額は、その所得税の額が限度とされます（措法41の19の4、措規19の11の4）。

　〔算式〕

　税額控除限度額＝標準的な工事費用の額の合計額×10%（控除率）

適用期限の延長

　Q1における認定住宅等の新築等をした場合の所得税額の特別控除の適用期限が延長されたそうですが、その内容について教えて下さい。

POINT

　適用期限が令和7年12月31日まで2年延長されます。

A　　適用期限が令和7年12月31日（改正前：令和5年12月31日）まで2年延長されます（措法41の19の4①）。

 所得要件の見直し

　Q1における所得税額の特別控除の適用対象者の所得要件が見直されたそうですが、その内容について教えて下さい。

POINT

　合計所得金額が2,000万円以下に引き下げられます。

A　　Q1における適用対象者の合計所得金額が2,000万円以下（改正前：3,000万円以下）に引き下げられます（措法41の19の4③④）。

＜図表Ⅲ－3＞　認定住宅等の新築等をした場合

項　目	改　正　前	改　正　後
対象住宅	認定住宅（長期優良住宅・低炭素住宅）	
	ZEH水準省エネ住宅	
税額控除限度額	650万円	
控除率	10％	

合計所得金額	3,000万円以下	2,000万円以下

Q4 適用関係

Q3における認定住宅等の新築等をした場合の所得税額の特別控除の所得要件の見直しの適用関係について教えて下さい。

POINT

令和6年1月1日以後に自己の居住の用に供する場合について適用されます。

A Q3の改正は、個人が認定住宅等の新築等をして、その認定住宅等を令和6年1月1日以後にその者の居住の用に供する場合について適用され、個人が認定住宅等の新築等をして、その認定住宅等を令和6年1月1日前にその者の居住の用に供した場合については、なお従前の例によるものとされます（令和6年改正法附則36）。

3　既存住宅の耐震改修工事又は特定の改修をした場合の所得税額の特別控除

Q1　必須工事に係る適用要件の改正前制度の概要

　令和4年度税制改正では、バリアフリー性能及びヒートショック対策等の観点を踏まえた良好な温熱環境を備えた中古住宅の整備及びリフォームの促進を図るため、既存住宅に係る耐震改修工事又は特定の改修工事をした場合の所得税額の特別控除のうち、必須工事に係る適用要件が拡充されましたが、その改正前制度の概要について教えて下さい。

POINT

　必須工事について標準的な工事費用の額の10％相当額の税額控除限度額が所得税額から控除できます。

A　既存住宅に係る耐震改修工事又は特定の改修工事をした場合の所得税額の特別控除について、耐震改修工事又は特定の改修工事の対象工事（以下「必須工事」といいます。）をして、令和4年及び令和5年に居住の用に供した場合の標準的な工事費用の額に係る控除対象限度額及び控除率は＜図表Ⅲ－4＞のとおりとされます（旧措法41の19の2①・41の19の3①～⑥、旧措規19の11の3）。

〔算式〕

控除対象限度額＝標準的な工事費用の額の合計額×10％（控除率）

＜図表Ⅲ－4＞　既存住宅の必須工事をした場合（改正前）

居　住　年	必須工事の対象工事	控除率	控除対象限度額
令和4年 ・令和5年	耐震改修工事	10％	250万円
	バリアフリー改修工事		200万円
	省エネ改修工事		250万円（350万円）
	三世代同居改修工事		250万円

長期優良住宅化	耐震改修工事or省エネ改修工事＋耐久性向上改修工事	250万円（350万円）
	耐震改修工事＋省エネ改修工事＋耐久性向上改修工事	500万円（600万円）

（注）　カッコ内の金額は、太陽光発電装置を併せて設置する場合の控除対象限度額とされます。

Q2　その他工事に係る対象控除限度額の改正前制度の概要

　令和４年度税制改正では、バリアフリー性能及びヒートショック対策等の観点を踏まえた良好な温熱環境を備えた中古住宅の整備及びリフォームの促進を図るため、中古住宅に係る耐震改修工事又は特定の改修工事をした場合の所得税額のうち、Ｑ１に掲げる必須工事の対象工事限度額を超過する部分及びその他のリフォームについても、その他工事に係る対象工事限度額が創設されましたが、その改正前制度の概要について教えて下さい。

POINT

　Ｑ１に掲げる必須工事の対象工事限度額を超過する部分及びその他のリフォームについても、その他工事として必須工事全体に係る標準的な費用相当額の同額までの５％が所得税額から控除されます。

A　個人が、その個人の所有する居住用の家屋についての耐震改修工事又は特定の改修工事をして、その家屋を令和４年１月１日から令和５年12月31日までの間にその者の居住の用に供した場合（その工事の日から６月以内にその者の居住の用に供した場合に限ります。）には、一定の要件の下で、その個人の居住の用に供した日の属する年分の所得税の額から次の①と②に掲げる金額の合計額（以下「その他工事」といいます。）の５％に相当する金額を控除することができます。

　なお、その他工事に係る控除対象限度額は、必須工事に係る標準的な工事費用相当額の合計額と1,000万円からその金額（その金額が控除対象限度額を超える場合には、その控除対象限度額）を控除した金額のいずれか低い金額が限度とされます（旧措法41の19の3⑦、旧措規19の11の3）。

①　必須工事に係る標準的な工事費用相当額（控除対象限度額を超える部分に限ります。）の合計額

②　必須工事と併せて行うその他の一定の工事に要した費用の金額（補助金等の交付がある場合にはその補助金等の額を控除した後の金額）の合計額

＜図表Ⅲ－5＞　中古住宅のその他工事をした場合

居　住　年	その他工事の対象工事	控除対象限度額	控除率
令和4年 ・令和5年	必須工事の対象工事限度額超過分及びその他のリフォーム	必須工事に係る標準的な費用相当額と同額まで（最大対象工事限度額は必須工事と併せて合計1,000万円が限度）	5％

≪必須工事とその他工事を併せた最大控除額≫

①　耐震改修工事　　　　　　　62.5万円
②　バリアフリー改修工事　　　　60万円
③　省エネ改修工事　　　　　　62.5万円（67.5万円）
④　三世代同居改修工事　　　　62.5万円
⑤　長期優良住宅化
　イ　耐震改修工事＋省エネ改修工事＋耐久性向上改修工事　　75万円（80万円）
　ロ　耐震改修工事or省エネ改修工事＋耐久性向上改修工事　62.5万円（67.5万円）
　（注）　上記カッコ内の金額は、太陽光発電装置を併せて設置する場合の控除対象限度額とされます。

Q3　子育て世帯等に対する住宅リフォーム税制の拡充

　令和4年の出生数は約77万人と過去最低と少子化が危機的状況となっており、子育てに対する不安や負担がその要因の一つであると考えられています。こども・子育て政策は最も有効な未来への投資であり、「こども未来戦略方針

（令和5年6月13日閣議決定）」に沿って、少子化傾向を反転させる「経済財政運営と改革の基本方針（令和5年6月16日閣議決定）」が行われました。

　令和6年度税制改正では、子育てに対応した住宅へのリフォームを支援し、子育て世帯の居住環境を改善する観点から、既存住宅に係る特定の改修工事をした場合の所得税額の特別控除（既存住宅リフォーム税制）が拡充されたそうですが、その内容について教えて下さい。

POINT

　子育て世帯及び若者夫婦世帯が行う一定の子育て対応改修工事が対象に追加されます。

A　　特例対象個人が、その者の所有する居住用の家屋について子育てに係る特例対象個人の負担を軽減するための子育て対応改修工事等をして、その居住用の家屋を令和6年4月1日から令和6年12月31日までの間にその者の居住の用に供した場合（その居住用の家屋を対象子育て対応改修工事等の日から6月以内にその者の居住の用に供した場合に限ります。）には、特例対象個人の令和6年分の所得税の額から、その子育て対応改修工事に係る標準的な工事費用相当額（250万円が限度とされます。）の10%相当額が控除できることとされます（措法41の19の3⑦）。

　また、Q2に掲げる「その他工事に係る対象控除限度額」の適用対象にも追加されます（措法41の19の3⑧）。

　ただし、その年分の合計所得金額が2,000万円を超える場合には適用されません（措法41の19の3⑨）。

　なお、その他の要件等は、既存住宅に係る特定の改修工事をした場合の所得税額の特別控除と同様とされます（措法41⑬）。

＜図表Ⅲ－6＞　既存住宅の必須工事をした場合

必須工事の対象工事	控除対象限度額	
	改　正　前	改　正　後
耐震改修工事	250万円	

バリアフリー改修工事		200万円
省エネ改修工事		250万円（350万円）
三世代同居改修工事		250万円
長期優良 住宅化	耐震改修工事or 省エネ改修工事＋ 耐久性向上改修工事	250万円（350万円）
	耐震改修工事＋ 省エネ改修工事＋ 耐久性向上改修工事	500万円（600万円）
子育て対応改修工事等		250万円

（注）　カッコ内の金額は、太陽光発電装置を併せて設置する場合の控除対象限度額とされます。

Q4 子育て対応改修工事等の範囲

Q3における子育て対応改修工事等の範囲について教えて下さい。

POINT

　転落防止の手すりの設置、可動式間仕切り壁の設置、対面式キッチンへの交換及び防音性の高い床への交換などのリフォーム工事とされます。

A　　Q3における「子育て対応改修工事等」とは、次の①〜⑥に掲げる工事であって、その工事に係る標準的な工事費用相当額（補助金等の交付がある場合には、補助金等の額を控除した後の金額）が50万円を超えること等一定の要件を満たすものとされます（措法41の19の3⑭、措令26の28の5⑯）。

① 住宅内における子どもの事故を防止するための工事

② 対面式キッチンへの交換工事

③　開口部の防犯性を高める工事
④　収納設備を増設する工事
⑤　開口部・界壁・床の防音性を高める工事
⑥　間取り変更工事（一定のものに限ります。）

Q5 標準的な費用相当額の範囲

Q3における標準的な工事費用相当額の範囲の内容について教えて下さい。

> **POINT**
>
> 個々の工事の実績を踏まえたものとされます。

A Q3における「標準的な工事費用相当額」とは、子育て対応改修工事の種類ごとに標準的な工事費用の額として定められた金額（補助金等の交付がある場合にはその補助金等の額を控除した後の金額）にその子育て対応改修工事を行った箇所数等を乗じて計算した金額とされます（措令26の28の5⑭⑮）。

Q6 省エネ改修工事の工事要件の緩和

エアコンディショナーに係る基準エネルギー消費効率の引上げに伴い、省エネ改修工事の工事要件が緩和されたそうですが、その内容について教えて下さい。

> **POINT**
>
> エアコンディショナーの省エネルギー基準達成率が引き下げられます。

A　　　適用対象とされる省エネ改修工事のうち省エネ設備の取替え又は取付工事について、エアコンディショナーに係る基準エネルギー消費効率の引上げに伴い、工事の対象設備となるエアコンディショナーの省エネルギー基準達成率が107％以上（改正前：114％以上）に変更されます。

Q7　適用期限の延長

　Q１及びQ２における既存住宅に係る耐震改修工事又は特定の改修工事をした場合の所得税額の適用期限の延長について教えて下さい。

POINT

　適用期限が令和７年12月31日まで２年延長されます。

A　　　Q１及びQ２における既存住宅に係る耐震改修工事又は特定の改修工事をした場合の所得税額について、適用期限が令和７年12月31日（改正前：令和５年12月31日）まで２年延長されます（措法41の19の２・41の19の３①〜⑥）。

Q8　所得要件の見直し

　Q１及びQ２における既存住宅に係る耐震改修工事又は特定の改修工事をした場合における所得税額の特別控除の適用対象者の所得要件が見直されたそうですが、その内容について教えて下さい。

POINT

　合計所得金額が2,000万円以下に引き下げられます。

Ｑ１及びＱ２における適用対象者の合計所得金額が2,000万円以下（改正前：3,000万円以下）に引き下げられます（措法41の19の3⑨）。

Q9 適用関係

　Ｑ８における既存住宅に係る耐震改修工事又は特定の改修工事等をした場合の所得要件の見直しの適用関係について教えて下さい。

POINT

　令和6年1月1日以後に自己の居住の用に供する場合について適用されます。

　　　Ｑ８の改正は、特定個人又は個人が、その特定個人又は個人の所有する居住用の家屋について対象高齢者等居住改修工事等、対象一般断熱改修工事等、対象多世帯同居改修工事等又は対象住宅耐震改修若しくは対象耐久性向上改修工事等をして、その居住用の家屋を令和6年1月1日以後にその特定個人又は個人の居住の用に供する場合について適用され、特定個人又は個人が、その特定個人又は個人の所有する居住用の家屋について対象高齢者等居住改修工事等、対象一般断熱改修工事等、対象多世帯同居改修工事等又は対象住宅耐震改修若しくは対象耐久性向上改修工事等をして、その居住用の家屋を令和6年1月1日前に特定個人又は個人の居住の用に供した場合については、なお従前の例によるものとされます（令和6年改正法附則35）。

4　土地に係る固定資産税等の負担調整措置

 税制改正の沿革の概要

　商業地等の宅地に係る負担調整措置の税制改正の沿革の概要について教え
て下さい。

POINT

　固定資産税は、固定資産の保有と市町村の行政サービスとの間に存す
る受益関係に着目した財産税であり、課税標準は適正な時価とされ、地
方税法の規定により、３年ごとに評価替えが実施されています。宅地等
については、１年前の地価公示価格の７割を目途としつつ、基準年度及
び据置年度の下落修正措置も講じられ、地価の動向を評価額に反映させ
る形で行われてきました。

　商業地等については、平成９年度から負担水準の均衡化を進めてきた
結果、令和２年度の負担水準は、据置特例の対象となる60％から70％ま
での範囲（据置ゾーン）内にほぼ収斂するに至っていました。しかし、
近年の地価上昇により令和５年度の負担水準は、据置ゾーン内にある土
地の割合が低下し、再びばらついた状態となっています。令和６年度評
価替えに反映される令和２年から令和５年までの商業地の地価の状況を
見ると、大都市を中心とした地価の上昇と地方における地価の下落が混
在する状況が継続しています。そこで、令和６年度評価替えにおいては、
大都市を中心に、地価上昇の結果、負担水準が下落し据置ゾーンを下回
る土地が増加するなど、負担水準のばらつきが拡大することが見込まれ
ますので、土地の負担水準を据置ゾーン内に再び収斂させることに優先
的に取り組むこととされます。

　平成15年度評価替えに伴い、商業地等の宅地に係る負担調整が
70％を超える場合には、その超える税額を減額して固定資産税の負

担水準を課税標準額の上限である評価額の70％とする措置が導入されました。

　平成16年度税制改正では、商業地等に係る固定資産税について、負担水準の上限が法定された70％の場合に算定される税額から、地方公共団体の条例の定めるところにより、負担水準60％から70％の範囲内で条例で定める負担水準により算定される税額まで、一律に減額することができる措置が導入されました。

　平成21年度評価替えに伴い、宅地等に係る負担調整措置の仕組みを継続するとともに、据置年度において地価が下落している場合に簡易な方法により価格の下落修正ができる特例措置及び平成16年度から講じられている商業地等に係る地方公共団体の条例による減額制度が継続されました。

　平成21年度から令和2年度までの商業地等の宅地に係る固定資産税について、負担調整措置が継続されました。

　令和3年度税制改正では、ウィズコロナ・ポストコロナにおける納税者の予見可能性に配慮するとともに固定資産税の安定的な確保を図るため、負担調整措置について、令和3年度から令和5年度までの間、下落修正措置を含め土地に係る固定資産税の負担調整の仕組みと地方公共団体の条例による減額制度が継続されることとなりました。また、新型コロナウイルス感染症により社会経済活動や国民生活全般を取り巻く状況が大きく変化したことを踏まえ、納税者の負担感に配慮する観点から、令和3年度に限り負担調整措置等により税額が増加する商業地等（負担水準が60％未満の土地に限ります。）について令和2年度の税額に据え置く特別な措置が講じられます（令和3年改正地法附則18・25）。

　令和4年度税制改正では、土地に係る固定資産税の負担調整措置について、令和4年度限りの措置として、商業地等（負担水準が60％未満の土地に限ります。）の令和4年度の課税標準額を、令和3年度の課税標準額に令和4年度の評価額の2.5％（改正前：5％）を加算した額（ただし、その額が、評価額の60％を上回る場合には60％相当額とされ、評価額の20％を下回る場合には20％相当額）とされました（令和4年改正地法附則18・25）。

基本的な考え方

　土地に係る固定資産税の負担調整措置の見直しにおける基本的な考え方について教えて下さい。

POINT

　令和6年度から令和8年度までの間、下落修正措置を含め土地に係る固定資産税の負担調整の仕組みと地方公共団体の条例による減額制度が継続されます。

　固定資産税は、市町村財政を支える基幹税であり、今後ともその税収の安定的な確保が不可欠と考えられています。

　土地に係る固定資産税については、平成9年度から負担水準の均衡化を進めてきた結果、令和2年度の商業地等における負担水準は、据置特例の対象となる60％から70％までの範囲（据置ゾーン）内にほぼ収斂するに至っていますが、近年の地価上昇により、令和5年度の負担水準は、据置ゾーン内にある土地の割合が低下し、再びばらついた状態となっています。

　令和6年度評価替えに反映される令和2年から令和5年までの商業地の地価の状況を見ると、大都市を中心とした地価の上昇と地方における地価の下落が混在する状況が継続しています。

　このため、令和6年度評価替えにおいては、大都市を中心に、地価上昇の結果、負担水準が下落し据置ゾーンを下回る土地が増加するなど、負担水準のばらつきが拡大することが見込まれ、まずは、そうした土地の負担水準を据置ゾーン内に再び収斂させることに優先的に取り組むべきと考えられています。

　このような状況を踏まえ、税負担の公平性等の観点から、納税者の負担感に配慮しつつ、段階的に負担水準の均衡化を進めるため、令和6年度から令和8年度までの間、土地に係る固定資産税の負担調整の仕組みと地方公共団

体の条例による減額制度が継続されます。

　一方、据置特例が存在することで、据置ゾーン内における負担水準の不均衡が解消されないという課題が生じています。本来、同じ評価額の土地については同じ税負担を求めることが基本であるため、税負担の公平性の観点からは更なる均衡化に向けた取組みが求められます。

　これらを踏まえ、税負担の公平性や市町村の基幹税である固定資産税の充実確保の観点から、固定資産税の負担調整措置のあり方について引き続き検討が行われます。

Q3 商業地等に係る固定資産税及び都市計画税の負担調整措置の延長等

　土地の固定資産税に係る評価額は3年ごとに見直されており、令和6年度から令和8年度までは令和6年1月1日の地価をベースに評価額が算定されます。この場合、地価上昇における納税者の負担増に配慮して、課税標準額を評価額の5％ずつ増加させるなどの負担調整措置が講じられています。

　令和6年度税制改正では、税負担の公平性を図る観点から、土地に係る固定資産税の負担調整措置が緩和されるそうですが、その内容について教えて下さい。

POINT

　従来の負担調整措置の適用期限が3年間（令和6年4月1日〜令和9年3月31日）延長されます。また、令和7年度分又は令和8年度分は、評価替えを行った結果、市町村長が修正前の価格を課税標準とすることが固定資産税の課税上著しく均衡を失すると認める場合には、修正した価格とされます。

A　平成21年度から令和8年度までの商業地等に係る固定資産税の負担調整措置については、＜図表Ⅲ－7＞に掲げるとおりとされています。

　令和6年税制改正では、負担調整措置については、令和6年度から令和8年度までの間、土地に係る固定資産税の負担調整の仕組みが継続されます（令和6年改正地法附則17・18・18の3・22・24）。また、令和7年度分又は令和8年度分の固定資産税に限り、自然的及び社会的条件からみて類似の利用価値を有すると認められる地域において地価が下落し、市町村長が修正前の価格を課税標準とすることが固定資産税の課税上著しく均衡を失すると認める場合には、修正前の価格を修正基準により修正した価格をその年度分の固定資産税の課税標準とすることとされます（令和6年改正地法附則17の2・19の2・19の2の2・22）。

　なお、都市計画税の負担調整措置も同様とされます（令和6年改正地法附則25・25の3・27の4・27の5・28）。

＜図表Ⅲ－7＞　商業地等の固定資産税額の負担調整措置（平成21年度から令和8年度）

①　負担水準が70％を超える商業地等については、その年度の評価額の70％が課税標準額とされます（令和6年改正地法附則18⑤）。

②　負担水準が60％以上70％以下の商業地等については、前年度の課税標準額が据え置かれます（令和6年改正地法附則18④）。

③　負担水準が60％未満の商業地等については、前年度の課税標準額にその年度の評価額の5％を加えた額が課税標準額とされます。ただし、その額が、評価額の60％を上回る場合には60％相当額とし、評価額の20％を下回る場合には20％相当額とされます（令和6年改正地法附則18④）。

④　課税標準額の上限である70％の場合に算定される税額から、地方公共団体の条例の定めるところにより、その年度の評価額の60％から70％の範囲で条例で定める割合により算定される税額まで、一律に減額することができる措置が継続されます（令和6年改正地法附則21）。

<図表Ⅲ－8>　商業地等における負担調整措置のしくみ（平成21年度から令和8年度）

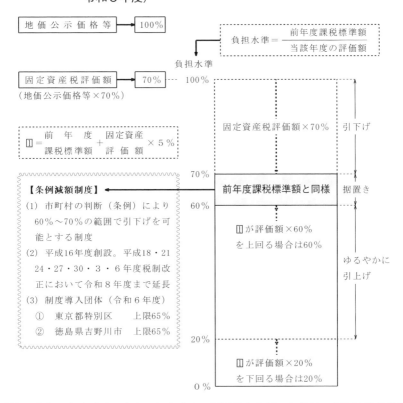

（注）　令和7年度分又は令和8年度分は、評価替えを行った結果、市町村長が修正前の価格を課税標準とすることが固定資産税の課税上著しく均衡を失すると認める場合には、修正した価格とされます。

 商業地等に係る負担水準引下げ条例減額制度の延長

商業地等の負担水準引下げ条例減額制度の延長について教えて下さい。

┌─ **POINT** ─────────────────────────────
　従来の負担水準引下げ条例減額制度の適用期限が 3 年間延長されます。
└───────────────────────────────────────

A　商業地等に係る負担水準引下げ条例減額制度とは、据置年度において固定資産税の負担水準の上限を条例によって60％から70％までの範囲内（例：東京都は65％に設定）で引き下げることができる減税措置とされています。

　この商業地等に係る負担水準引下げ条例減額制度の適用期限が令和 9 年 3 月31日（改正前：令和 6 年 3 月31日）まで 3 年間延長されます（令和 6 年改正地法附則18）。

　なお、都市計画税についても同様とされます（令和 6 年改正地法附則25）。

Q5　税負担急増土地に係る条例減額制度の延長

税負担急増土地に係る条例減額制度の延長について教えて下さい。

┌─ **POINT** ─────────────────────────────
　従来の税負担急増土地に係る条例減額制度の適用期限が 3 年間延長されます。
└───────────────────────────────────────

A　税負担急増土地に係る条例減額制度とは、住宅用地、商業地等及び特定市街化区域農地に係る固定資産税について、地方公共団体の条例の定めるところにより、平成21年度から令和 6 年度までの税額が、前年度税額（前年度に条例減額制度が適用されている場合には、減額後の税額）に1.1以上で条例で定める割合を乗じて得た額を超える場合には、その超える額に相当する額を減額することができる減税措置とされています。

　この負担水準引下げ条例減額制度の適用期限が令和 9 年 3 月31日（改正前：令和 6 年 3 月31日）まで 3 年間延長されます（令和 6 年改正地法附則21）。

　なお、都市計画税についても同様とされます（令和 6 年改正地法附則27の 4 ・27の 5 ）。

住宅用地に係る固定資産税及び都市計画税の負担調整措置の延長等

　納税者の予見可能性に配慮するとともに固定資産税の安定的な確保を図るため、住宅用地の固定資産税額の負担調整措置が延長されるとともに新型コロナウイルス感染症の影響を踏まえた経済状況に応じた措置が行われるそうですが、その内容について教えて下さい。

POINT

　従来の負担調整措置の適用期限が３年間（令和６年４月１日〜令和９年３月31日）延長されます。また、令和３年度は、評価替えを行った結果、課税額が上昇する全ての土地について、令和２年度税額に据え置かれます。

A　平成27年度から令和５年度までの住宅用地に係る固定資産税の負担調整措置については、前年度の課税標準額がその年度の評価額に住宅用地特例割合（住宅用地のうち住宅一戸につき200㎡までの部分は評価額の１／６、200㎡を超える部分で家屋の床面積の10倍までの部分は評価額の１／３）を乗じて得た額（以下「本則課税標準額」といいます。）以下の住宅用地については、前年度の課税標準額に、本則課税標準額の５％を加えた額が課税標準額とされます。ただし、その額が、本則課税標準額を上回る場合には本則課税標準額とし、本則課税標準額の20％を下回る場合には20％相当額とされています。

　令和６年税制改正では、負担調整措置については、令和６年度から令和８年度までの間、土地に係る固定資産税の負担調整の仕組みが継続されることとなりました（令和６年改正地法附則21の２）。

　なお、都市計画税の負担調整措置も同様とされます（令和６年改正地法附則27の４・27の５）。

＜図表Ⅲ－9＞　住宅用地における負担調整措置のしくみ（平成27年度から
　　　　　　　令和8年度）

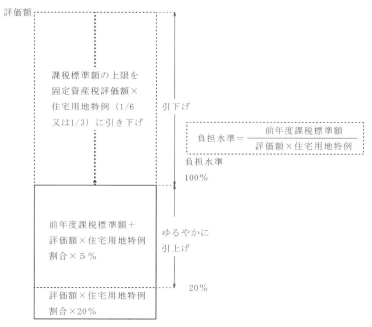

（注）　令和7年度分又は令和8年度分は、評価替えを行った結果、市町村長が修正
　　前の価格を課税標準とすることが固定資産税の課税上著しく均衡を失すると認
　　める場合には、修正した価格とされます。

Q7　農地に係る固定資産税及び都市計画税の負担調整措置の延長

農地等の固定資産税額の負担調整措置の延長について教えて下さい。

POINT

　従来の負担調整措置の適用期限が3年間（令和6年4月1日〜令和9
年3月31日）延長されます。また、令和3年度は、評価替えを行った結
果、課税額が上昇する全ての土地について、令和2年度税額に据え置か

れます。

A 令和6年税制改正では、納税者の予見可能性に配慮するとともに固定資産税の安定的な確保を図るため、負担調整措置については、令和6年度から令和8年度までの間、農地に係る固定資産税の負担調整の仕組みが継続されることとなりました（令和6年改正地法附則19・19の4）。

なお、都市計画税の負担調整措置も同様とされます（令和6年改正地法附則26・27の2）。

＜図表Ⅲ－10＞　農地等に係る固定資産税額の負担調整措置（平成21年度から令和8年度）

① 　一般農地及び一般市街化区域農地については、現行と同様の負担調整措置が継続されます。
② 　特定市街化区域農地については、一般住宅用地と同様の取扱いとする措置が継続されます。

Q8 適用関係

Q2からQ7における固定資産税及び都市計画税の見直しに係る適用関係について教えて下さい。

POINT

令和6年度以後から適用されます。

A Q2からQ7の改正は、令和6年度以後の年度分の固定資産税について適用され、令和5年度分までの固定資産税については、なお従前の例によります（令和6年改正地法附則20①・29①）。

5　適用期限の延長・廃止等

 適用期限が延長・廃止される措置

　住宅土地税制について適用期限が延長又は廃止等される特別措置について教えて下さい。

POINT

　以下の特別措置について適用期限が延長、廃止又は縮減等されます。

A　1　特定の民間住宅地造成事業のために土地等を譲渡した場合の1,500万円特別控除の適用期限が令和8年12月31日（改正前：令和5年12月31日）まで3年延長されます（措法34の2②三）。

　　なお、法人税についても同様とされます（措法65の4①三）。

2　特定の居住用財産の買換え及び交換の場合の長期譲渡所得の課税の特例の適用期限が令和7年12月31日（改正前：令和5年12月31日）まで2年延長されます（措法36の2①②・36の5①）。

3　居住用財産の買換え等の場合の譲渡損失の繰越控除等の適用期限が令和7年12月31日（改正前：令和5年12月31日）まで2年延長されます（措法41の5⑦一、令和6年改正地法附則4①一）。

　　なお、本特例の適用を受けようとする個人が買換資産の住宅借入金等に係る債権者に対して住宅取得資金に係る借入金等の年末残高等調書制度の適用申請書の提出をしている場合には、住宅借入金等の残高証明書の確定申告書等への添付が不要とされます。この改正は、令和6年1月1日以後に行う譲渡資産の譲渡について適用されます。

4　特定居住用財産の譲渡損失の繰越控除等の適用期限が令和7年12月31日（改正前：令和5年12月31日）まで2年延長されます（措法41の5の2⑦一、令和6年改正地法附則4の2①一）。

5　住宅用家屋の所有権の保存登記若しくは移転登記又は住宅取得資金の貸付け等に係る抵当権の設定登記に対する登録免許税の税率の軽減措置の適

　用期限が令和9年3月31日（改正前：令和6年3月31日）まで3年延長され
　ます（措法73）。

6　特定認定長期優良住宅の所有権の保存登記等に対する登録免許税の税率
　の軽減措置の適用期限が令和9年3月31日（改正前：令和6年3月31日）
　まで3年延長されます（措法74）。

7　認定低炭素住宅の所有権の保存登記等に対する登録免許税の税率の軽減
　措置の適用期限が令和9年3月31日（改正前：令和6年3月31日）まで3
　年延長されます（措法74の2）。

8　特定の増改築等がされた住宅用家屋の所有権の移転登記に対する登録免
　許税の税率の軽減措置の適用期限が令和9年3月31日（改正前：令和6年
　3月31日）まで3年延長されます（措法74の3）。

9　不動産の譲渡に関する契約書等に係る印紙税の税率の特例措置の適用期
　限が令和9年3月31日（改正前：令和6年3月31日）まで3年延長されま
　す（措法91①②）。

10　新築住宅に係る固定資産税の税額の減額措置の適用期限が令和8年3月
　31日（改正前：令和6年3月31日）まで2年延長されます（令和6年改正地
　法附則15の6①）。

11　新築の認定長期優良住宅に係る固定資産税の税額の減額措置の適用期限
　が令和8年3月31日（改正前：令和6年3月31日）まで2年延長されます
　（令和6年改正地法附則15の7）。

12　耐震改修等を行った住宅が、次のとおりとされます。
　①　耐震改修を行った一定の住宅に係る固定資産税の税額の減額措置の適
　　用期限が2年延長されます（令和6年改正地法附則15の9①）。
　②　バリアフリー改修を行った一定の住宅に係る固定資産税の税額の減額
　　措置の適用期限が2年延長されます（令和6年改正地法附則15の9④⑤）。
　③　省エネ改修を行った一定の住宅に係る固定資産税の税額の減額措置の
　　適用期限が2年延長されます（令和6年改正地法附則15の9⑨）。

13　宅地評価土地の取得に係る不動産取得税の課税標準を価格の2分の1と
　する特例措置の適用期限が令和9年3月31日（改正前：令和6年3月31日）
　まで3年延長されます（地法73の13、令和6年改正地法附則11の5①）。

14　住宅及び土地の取得に係る不動産取得税の標準税率（本則4％）を3％
　とする特例措置の適用期限が令和9年3月31日（改正前：令和6年3月31

日）まで３年延長されます（令和６年改正地法附則11の２①）。

15　不動産取得税について、新築住宅を宅地建物取引業者等が取得したもの
とみなす日を住宅新築の日から１年（本則６月）を経過した日に緩和する
特例措置の適用期限が令和８年３月31日（改正前：令和６年３月31日）ま
で２年延長されます（令和６年改正地法附則10の３①）。

16　新築住宅特例が適用される住宅の用に供する土地に係る不動産取得税の
減額措置（床面積の２倍（200m²を限度）相当額等の減額）について、土地
取得後から住宅新築までの経過年数要件を緩和する特例措置の適用期限が
令和８年３月31日（改正前：令和６年３月31日）まで２年延長されます（令
和６年改正地法附則10の３②）。

Ⅳ　資産課税

1　直系尊属から住宅取得等資金の贈与を受けた場合の贈与税の非課税措置の見直し

Q1 改正前制度の概要

　高齢者層から若年層への資産の早期移転を通じて、すそ野が広く経済波及効果が大きい住宅需要を刺激するとともに、省エネルギー性・耐震性・バリアフリー性を備えた良質な住宅ストックの形成を促す観点から、直系尊属からの住宅取得等資金を贈与された場合における贈与税の非課税制度が講じられていますが、その改正前制度の概要について教えて下さい。

POINT

　父母や祖父母などの直系尊属から住宅取得等資金の贈与を受けた特定受贈者が、贈与を受けた年の翌年3月15日までにその住宅取得等資金をもって自己の居住の用に供する家屋の新築等をし、その家屋を同日までに自己の居住の用に供したときには、住宅取得等資金のうち一定金額について贈与税が非課税とされます。

A　令和4年1月1日から令和5年12月31日までの間にその直系尊属からの贈与により住宅取得等資金の取得をした特定受贈者が、贈与を受けた日の属する年の翌年3月15日までにその住宅取得等資金の全額を住宅用家屋の新築若しくは建築後使用されたことのない住宅用家屋の取得又はこれらの住宅用家屋の新築若しくは取得とともにするその敷地の用に供されている土地等の取得（その住宅用家屋の新築に先行してするその敷地の用に供されることとなる土地等の取得を含みます。）のための対価に充ててその住宅用家屋の新築をした場合又はその建築後使用されたことのない住宅用家屋の取得又はその増改築等の対価に充てて新築若しくは取得又は増改築等をした場合において、同日までに新築若しくは取得をしたこれらの住宅用家屋

をその特定受贈者の居住の用に供したとき又は新築若しくは取得をしたこれらの住宅用家屋を同日後遅滞なくその特定受贈者の居住の用に供することが確実であると見込まれるときには、その贈与により取得をした住宅取得等資金のうち住宅資金非課税限度額（既にこの規定の適用を受けて贈与税の課税価格に算入しなかった金額がある場合には、その算入しなかった金額を控除した残額）までの金額については、贈与税が非課税とされていました（旧措法70の2①）。

そこで、平成24年1月1日以後に直系尊属から住宅取得等資金の贈与を受けた場合の贈与税の非課税限度額は、次のとおりとされます（旧措法70の2②六）。

①　住宅用の家屋がエネルギーの使用の合理化に著しく資する住宅用の家屋、地震に対する安全性に係る基準に適合する住宅用の家屋又は高齢者等が自立した日常生活を営むのに必要な構造及び設備の基準に適合する住宅用の家屋として一定で定めるものである（いわゆる「省エネルギー性等を備えた良質な住宅用家屋」）の場合…1,000万円

②　上記①上記以外の住宅用家屋の場合…500万円

Q2 適用要件等の見直し

令和6年度税制改正では、住宅取得環境が悪化する中、住宅取得に係る負担の軽減及び良質な住宅の普及の促進を図る観点から、適用要件等の見直しが行われたそうですが、その内容について教えて下さい。

POINT

新築又は未使用の住宅用家屋の質の高い住宅要件の見直しが行われます。

A 直系尊属から住宅取得等資金の贈与を受けた場合の贈与税の非課税措置について、非課税限度額の上乗せ措置の適用対象とされるエネルギーの使用の合理化に著しく資する住宅用の家屋の要件について、住宅

用家屋の新築又は建築後使用されたことのない住宅用家屋の取得をする場合にあっては、その住宅用家屋の省エネ性能が断熱等性能等級5以上、かつ、一次エネルギー消費量等級6以上（改正前：断熱等性能等級4以上又は一次エネルギー消費量等級4以上）であることとされます（措法70の2②六イ（2）、措令40の4の2⑤五）。

　また、令和6年1月1日以後に住宅取得等資金の贈与を受けて住宅用家屋の新築又は建築後使用されたことのない住宅用家屋の取得をする場合において、その住宅用家屋の省エネ性能が断熱等性能等級4以上又は一次エネルギー消費量等級4以上であり、かつ、その住宅用家屋が次のいずれかに該当するものであるときは、その住宅用家屋がエネルギーの使用の合理化に著しく資する住宅用の家屋とみなされます（措法70の2②六イ（1）、措令40の4の2⑧、措規18）。

① 　令和5年12月31日以前に建築確認を受けているもの
② 　令和6年6月30日以前に建築されたもの

　なお、質の高い住宅要件は、＜図表Ⅳ－1＞のいずれかに該当することとされます。

＜図表Ⅳ－1＞　質の高い住宅要件

区　分	改　正　前	改　正　後
新築住宅	断熱等性能等級4以上又は一次エネルギー消費量等級4以上	断熱等性能等級5以上、かつ、一次エネルギー消費量等級6以上（注）
	耐震等級2以上又は免震建築物	
	高齢者等配慮対策等級3以上	
既存住宅・増改築	断熱等性能等級4以上又は一次エネルギー消費量等級4以上	
	耐震等級2以上又は免震建築物	
	高齢者等配慮対策等級3以上	

（注）　令和5年12月31日以前に建築確認を受けている住宅又は令和6年6月30日以前に建築された住宅は、断熱等性能等級4以上又は一次エネルギー消費量等級4以上とされます。

Q3 適用期限の延長

Q1における直系尊属から住宅取得等資金の贈与を受けた場合の贈与税の非課税措置の適用期限の延長について教えて下さい。

POINT

適用期限が令和8年12月31日まで3年延長されます。

A 　Q1における直系尊属から住宅取得等資金の贈与を受けた場合の贈与税の非課税措置について、適用期限が令和8年12月31日（改正前：令和5年12月31日）まで3年延長されます（措法70の2①）。

Q4 適用関係

Q2及びQ3における直系尊属からの住宅取得等資金を贈与された場合における贈与税の非課税制度の見直し等の適用関係について教えて下さい。

POINT

令和6年1月1日以後から適用されます。

A 　Q2及びQ3の改正は、令和6年1月1日以後に贈与（死因贈与を除きます。以下同じ）により取得する住宅取得等資金に係る贈与税について適用され、特定受贈者が同日前に贈与により取得した住宅取得等資金に係る贈与税については、なお従前の例によることとされます（令和6年改正法附則54④⑤）。

2　特定の贈与者から住宅取得等資金の贈与を受けた場合の相続時精算課税制度の特例

Q 1　改正前制度の概要

　相続時精算課税制度は、高齢者の保有する財産の有効利用を通じて経済社会の活性化を図る目的から、その対象者を60歳以上の親から18歳以上の推定相続人（孫を含みます。）である受贈者への贈与に限定して適用されます。

　しかし、その対象として最も効果が期待される住宅取得資金の贈与については、利用者が30代のいわゆる団塊ジュニア世代と称される者であり、その親はいわゆる団塊の世代のおおむね60歳前後の者であるため、その年齢要件により相続時精算課税制度を選択できなくなることが想定されます。

　平成15年度税制改正では、生前贈与の活性化を図る目的として、これら団塊ジュニア世代の住宅投資を促進するため、贈与者の年齢要件をなくした、「特定の贈与者から住宅取得等資金の贈与を受けた場合の相続時精算課税制度の特例（措法70の3）」（以下「相続時精算課税の特例制度」といいます。）が創設されました。

　相続時精算課税の特例制度の改正前制度の概要について教えて下さい。

POINT

　60歳未満の親又は祖父母から18歳以上の子又は孫への自己居住用の家屋の取得のための住宅取得等資金について、相続時精算課税の特例制度として2,500万円の特別控除の適用を受けることができます。

A　　　相続時精算課税の特例制度は、自己の居住の用に供する一定の家屋の新築又は取得（家屋とともに取得する土地等を含みます。）をするため資金の贈与を受ける場合又は自己の居住の用に供する家屋の一定の増改築等のための資金を受ける場合に60歳未満の者（贈与者が60歳以上であれば、住宅取得等資金であるか否かにかかわらず相続時精算課税制度の対象と

されます。）からの贈与について適用されます。

　相続時精算課税の特例制度は、平成15年1月1日から令和5年12月31日までの間（以下「適用期間」といいます。）にされた贈与により取得した住宅取得等資金について適用され、適用手続や税額の計算方法などは相続時精算課税制度と同じとされます（相法21の9、措法70の3①）。

　なお、被相続人の一親等の血族（その者の代襲相続人を含みます。）及び配偶者以外の者が相続又は遺贈により財産を取得した場合には、その者の相続税額についていわゆる2割加算制度が適用されます（相法18①②・21の15②・21の16②、相令5の2）。相続時精算課税制度又は相続時精算課税の特例制度によって18歳以上の孫を受贈者として財産を贈与した場合には、相続発生時に2割加算の対象となることに留意して下さい。

Q2 適用期限の延長

　Q1における特定の贈与者から住宅取得等資金の贈与を受けた場合の相続時精算課税制度の特例の適用期限の延長について教えて下さい。

POINT

　適用期限が令和8年12月31日まで3年延長されます。

A　Q1における特定の贈与者から住宅取得等資金の贈与を受けた場合の相続時精算課税の特例制度について、適用期限が令和8年12月31日（改正前：令和5年12月31日）まで3年延長されます（措法70の3①）。

＜図表Ⅳ－2＞　相続時精算課税制度と相続時精算課税の特例制度の比較

		相続時精算課税制度	相続時精算課税の特例制度
特別控除		2,500万円	
年齢要件	贈与者	60歳以上の親又は祖父母	60歳未満の親又は祖父母
	受贈者	18歳以上の子又は孫（注）	

贈　与　財　産	制限なし	住宅取得等資金
適　用　期　間	平成15年1月1日以降 （期間の制限なし）	平成15年1月1日から 令和8年12月31日まで

（注）　相続時精算課税制度によって18歳以上の孫を受贈者として財産を贈与した場合、相続発生時に2割加算の対象となることに留意して下さい。

3　非上場株式等に係る相続税・贈与税の納税猶予の特例制度

Q₁　改正前制度の概要

　非上場株式等に係る相続税・贈与税の納税猶予の特例制度（いわゆる法人版事業承継税制）における「特例承継計画の確認申請書（様式第21）」の提出の改正前制度の概要について教えて下さい。

POINT

　平成30年4月1日から令和6年3月31日までの間6年以内に特例承継計画を作成して都道府県知事に提出し確認を受けることとされます。

　都道府県知事は、中小企業者に対して「確認書」を交付又は「確認をしない旨の通知書」を通知します。

A　非上場株式等に係る相続税・贈与税の納税猶予の特例制度の適用を受けるためには、平成30年4月1日から令和6年3月31日までの間に「特例承継計画の確認申請書（様式第21）」による申請書に、その申請書の写し1通及び登記事項証明書（確認申請日の前3月以内に作成されたものに限り、特例代表者が確認申請日においてその中小企業者の代表者でない場合にあってはその特例代表者が代表者であった旨の記載のある登記事項証明書を含みます。）を添付しなければなりません（旧措法70の7の5①・70の7の6①、旧中小承継規17①②③）。

　都道府県知事は、「特例承継計画の確認申請書（様式第21）」の申請を受けた場合において、その確認をしたときは「施行規則第17条5項の規定による確認書（様式第22）」を申請者である中小企業者に対して交付します。

　また、その確認をしない旨の決定をしたときは「施行規則第17条5項の規定による確認をしない旨の通知書（様式第23）」により申請者である中小企業者（事業を営んでいない個人を含みます。）に対して通知します（中小承継規17⑤）。

適用期限の延長

　特例承継計画の提出期限が延長されたそうですが、その内容について教え
て下さい。

POINT

　令和8年3月31日まで2年延長されます。

A　　特例承継計画の提出期限が令和8年3月31日（改正前：令和6年
　　　3月31日）まで2年延長されます。

＜図表Ⅳ－3＞　都道府県知事の確認の基本的な手続

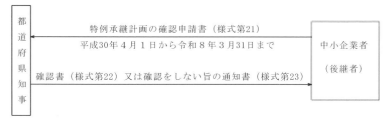

4　個人の事業用資産に係る相続税・贈与税の納税猶予の特例制度

Q1　改正前制度の概要

　個人の事業用資産に係る相続税・贈与税の納税猶予の特例制度（いわゆる個人版事業承継税制）における「個人事業承継計画の確認申請書（様式第21の3）」の提出の改正前制度の概要について教えて下さい。

POINT

　平成31年4月1日から令和6年3月31日までの間5年以内に個人事業承継計画を作成して都道府県知事に提出し確認を受けることとされます。
　都道府県知事は、中小企業者に対して「確認書」を交付又は「確認をしない旨の通知書」を通知します。

A　個人の事業用資産に係る相続税・贈与税の納税猶予の特例制度の適用を受けるためには、平成31年4月1日から令和6年3月31日までの間に「個人事業承継計画の確認申請書（様式第21の3）」による申請書に、その申請書の写し1通、その確認を受ける日の属する年の前年における先代事業者の青色申告書、青色申告書に添付する貸借対照表及び損益計算書その他の明細書の写し及び確認の参考となる書類を添付して、都道府県知事に提出します（旧措法70の6の8①・70の6の9①、旧中小承継規17④）。

　都道府県知事は、「個人事業承継計画の確認申請書（様式第21の3）」の申請を受けた場合において、その確認をしたときは「施行規則第17条5項の規定による確認書（様式第22）」を申請者である中小企業者に対して交付します。

　また、その確認をしない旨の決定をしたときは「施行規則第17条5項の規定による確認をしない旨の通知書（様式第23）」により申請者である中小企業者（事業を営んでいない個人を含みます。）に対して通知します（中小承継規17⑤）。

適用期限の延長

個人事業承継計画の提出期限が延長されたそうですが、その内容について教えて下さい。

┌ **POINT** ─────────────────────────────
│
│　令和8年3月31日まで2年延長されます。
│
└─────────────────────────────────

A　個人事業継計画の提出期限が令和8年3月31日（改正前：令和6年3月31日）まで2年延長されます。

＜図表Ⅳ－4＞　都道府県知事の確認の基本的な手続

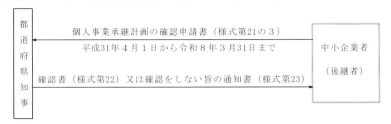

┌─────────────────────────────
│ **コラム**　令和6年度税制改正大綱の検討事項（筆者一部加筆）
│
│　法人版事業承継税制については、平成30年1月から10年間の特例措置
│として、令和6年3月末までに特例承継計画の提出がなされた事業承継
│について抜本的拡充が行われました。
│　令和6年度税制改正では、コロナの影響が長期化したことを踏まえ、
│特例承継計画の提出期限が令和8年3月31日まで2年延長されます。こ
│の特例措置は、日本経済の基盤である中小企業の円滑な世代交代を通じ
│た生産性向上が待ったなしの課題であるために事業承継を集中的に進め
│る観点から、贈与・相続時の税負担が生じない制度とするなど、極めて
│異例の時限措置としていることを踏まえ、令和9年12月末までの適用期
│限については今後とも延長を行うことはありません。

　また、個人版事業承継税制における個人事業承継計画の提出期限については令和8年3月31日まで2年延長されます。

　事業承継を検討している中小企業経営者及び個人事業者の方々には、適用期限が到来することを見据え、早期に事業承継に取り組むこと及び政府・関係団体には、目的達成のため一層の支援体制の構築を図ることを強く期待します。

＜図表Ⅳ－5＞　法人版事業承継税制及び個人版事業承継税制に係る期限のまとめ

区　　　　　分		改正前	改正後
法人版事業承継税制	特例承継計画	令和6年3月31日	令和8年3月31日
	特例措置の適用期限	令和9年12月31日	
個人版事業承継税制	個人事業承継計画	令和6年3月31日	令和8年3月31日
	適用期限	令和10年12月31日	

5　直系尊属から結婚・子育て資金の一括贈与を受けた場合の非課税措置の見直し

Q1　改正前制度の概要

　平成27年度税制改正では、将来の経済的な不安が若年層に結婚・出産を躊躇させる大きな要因の一つとなっていることを踏まえて、少子高齢化の進展・人口減少への対応として制定されました。

　令和5年度税制改正では、贈与の多くが扶養義務者による生活費等の都度の贈与及び基礎控除の適用により課税対象とならない水準にあること又は利用件数が極めて少ないこと等を踏まえて、令和7年3月31日の適用期限の到来時に制度の廃止を含めて、改めて検討することを前提に適用期限が2年延長されました。

　そこで、結婚・子育て資金の一括贈与に係る贈与税の非課税措置の現行制度の概要について教えて下さい。

POINT

　祖父母や両親の資産を早期に移転することを通じて、子や孫の結婚・出産・育児を後押しするため、これらに要する資金の一括贈与に係る贈与税が非課税とされます。

A　平成27年4月1日から令和7年3月31日までの間に、個人（結婚・子育て資金管理契約を締結する日において18歳以上50歳未満の者に限ります。以下「受贈者」といいます。）が、その直系尊属と信託会社との間の結婚・子育て資金管理契約に基づき信託受益権を取得した場合、その直系尊属からの書面による贈与により取得した金銭を結婚・子育て資金管理契約に基づき銀行等の営業所等において預金若しくは貯金として預入れをした場合又は結婚・子育て資金管理契約に基づきその直系尊属からの書面による贈与により取得した金銭若しくはこれに類するもの（以下「金銭等」といいま

す。）で金融商品取引業者の営業所等において有価証券を購入した場合には、その信託受益権、金銭又は金銭等の価額のうち1,000万円（結婚に際して支出する費用については300万円が限度とされます。）までの金額に相当する部分の価額については、贈与税の課税価格に算入されません（措法70の2の3①、措令40の4の4②）。

　ただし、信託等をする日の属する年の前年の受贈者の合計所得金額が1,000万円を超える場合には、その信託等により取得した信託受益権等については、結婚・子育て資金の一括贈与に係る贈与税の非課税措置の適用を受けることができません（措法70の2の3①④⑥）。

Q₂　結婚・子育て資金の範囲の拡充

　結婚・子育て資金の一括贈与に係る贈与税の非課税措置の適用対象とされる結婚・子育て資金の範囲は、結婚・子育てに直接支払われる結婚披露宴、新居の居住費、出産費用、産後ケア費用、保育費用その他一定の金銭で一定のものとされていました。

　令和6年度税制改正では、子育てに対する不安や負担に対処するため、適用対象とされる結婚・子育て資金の範囲が拡充されたそうですが、その内容について教えて下さい。

POINT

　子育て世帯訪問支援事業及び親子関係形成支援事業に係る施設に支払うものが追加されます。

A　直系尊属から結婚・子育て資金の一括贈与を受けた場合の贈与税の非課税措置について、その適用対象となる結婚・子育て資金の範囲に、児童福祉法に規定する子育て世帯訪問支援事業及び親子関係形成支援事業に係る施設に支払うものが追加されます。

Q3 適用関係

Q2における結婚・子育て資金の範囲の拡充の適用関係について教えて下さい。

POINT

令和6年4月1日以後から適用されます。

 　Q2の改正は、令和6年4月1日以後に支払われる結婚・子育て資金について適用されます。

Ⅴ　法人課税

1　構造的・持続的な賃上げの実現

Q1 改正前の人材確保等促進税制の概要

　令和4年度税制改正では、「成長と分配の好循環」の実現に向けて、企業の稼ぐ力を高め、その収益を従業員に還元するように賃上げを促進することが重要であり、そのためには長期的な視点に立って一人ひとりへの積極的な賃上げを促す観点から、継続雇用者の給与総額を一定割合以上増加させた企業に対して、賃上げに係る人材確保等促進税制が創設されたそうですが、その制度の概要について教えて下さい。

> **POINT**
>
> 　継続雇用者給与等支給増加割合が3％以上である場合には、雇用者全体の給与増加額の15％が特別税額控除できます。継続雇用者給与等支給増加割合が4％以上である場合には、25％が特別税額控除できます。さらに、人的投資の要件を満たした場合には、20％が特別税額控除できます。

A　青色申告書を提出する法人が、令和4年4月1日から令和6年3月31日までの間に開始する各事業年度（設立事業年度、解散（合併による解散を除きます。）の日を含む事業年度及び清算中の各事業年度を除きます。）において国内雇用者に対して給与等を支給する場合において、継続雇用者給与等支給額から継続雇用者比較給与等支給額を控除した金額のその継続雇用者比較給与等支給額に対する割合（以下「継続雇用者給与等支給増加割合」といいます。）が3％以上であるときは、控除対象雇用者給与等支給増加額の15％（次に掲げる①賃上げ上乗せ要件、②人的投資上乗せ要件を満たす場合には、それぞれに掲げる特別税額控除割合を加算した割合）を乗じて計算した金額の特別税額控除ができます。

　ただし、特別控除税額は、当期の法人税額の20％が上限とされます（旧措法

法人課税

42の12の5①)。

　なお、所得税についても同様とされます（旧措法10の5の4①)。

　また、地方税（付加価値割の課税標準から控除できる制度）も同様とされます（令和4年度改正地法附則9)。

① 賃上げ上乗せ要件

　継続雇用者給与等支給増加割合が4％以上である場合には、特別税額控除割合に10％が加算されます。

② 人的投資上乗せ要件

　教育訓練費の額から比較教育訓練費の額を控除した金額のその比較教育訓練費の額に対する割合（以下「教育訓練費増加割合」といいます。）が20％以上である場合には、特別税額控除割合に5％が加算されます。

$\boxed{\mathbf{Q}_2}$　改正前のマルチステークホルダーへの配慮

　世界各国において、持続可能性や「人」を重視し、新たな投資や成長につなげる、新しい資本主義の構築を目指す動きが進んでいます。これを受けて、「新しい資本主義実現会議の緊急提言（令和3年11月8日)」では、「1980年代以降、短期の株主価値重視の傾向が強まり、中間層の伸び悩みや格差の拡大、下請企業へのしわ寄せ、自然環境等への悪影響が生じており、政府、民間企業、大学等、地域社会、国民・生活者が課題解決に向け、それぞれの役割を果たしていく必要がある。」との考え方が示されました。

　そこで、令和4年度税制改正では、企業に対し、株主のみならず従業員や取引先を含めたマルチステークホルダーに配慮した経営を行うようコミットメントを促す観点から、適用要件が強化されたそうですが、その内容について教えて下さい。

POINT

　一定規模以上の大企業に対して、マルチステークホルダーに配慮した経営への取組を自社のウェブサイトに宣言内容を公表していることを経済産業大臣に届出していることが要件とされます。

A　事業年度終了の時において、その法人の資本金の額等が10億円以上であり、かつ、その法人の常時使用する従業員の数が1,000人以上である場合には、給与等の支給額の引上げの方針、下請事業者その他の取引先との適切な関係の構築の方針その他の事業上の関係者との関係の構築の方針に関する事項として厚生労働大臣、経済産業大臣及び国土交通大臣が定める事項をインターネットを利用する方法により公表していることについて経済産業大臣に届出があった旨を確定申告書等にその証する書類の写しの添付がある場合に限り、適用があるものとされます（旧措法42の12の5①かっこ書、旧措令27の12の5①②）。

Q3　大企業向け賃上げ税制の拡充及び延長

　物価高に負けない賃上げの牽引役として期待される「資本金10億円以上、かつ、従業員1,000人以上」又は「常時使用従業員数2,000人超」のいずれかに当てはまる大企業については、より高い賃上げへのインセンティブを強化する観点から、継続雇用者の給与等支給額の増加に応じて賃上げ率の要件が拡充されたそうですが、その内容について教えて下さい。

POINT

　継続雇用者給与等支給増加割合が3％以上のときは、雇用者全体の給与等増加額の10％（改正前：15％）、4％以上のときは15％、5％以上のときは20％、7％以上のときは25％が特別税額控除できます。教育訓練費増加割合が10％以上であるときは、特別税額控除割合が5％加算できます。さらに、子育てとの両立支援又は女性活躍支援に積極的な企業について、特別税額控除割合が5％加算できる措置が創設されます。

　また、インボイス制度の実施に伴い、消費税の免税事業者との適切な関係の構築の方針についても記載が行われるよう、マルチステークホルダー方針の記載事項が明確化されます。

A 　大企業向けの措置について、次の見直しを行った上、その適用期限が令和9年3月31日（改正前：令和6年3月31日）まで3年延長されます（措法42の12の5①）。

　なお、所得税についても同様とされます（措法10の5の4）。

　また、法人割の課税標準である法人税について同様とされます（令和6年改正地法附則9⑬）。

① 　原則の特別税額控除率が10％（改正前：15％）に引き下げられます（措法42の12の5①）。

② 　特別税額控除率の上乗せ措置が、次の場合の区分に応じてそれぞれ次のとおりとされます。

　イ 　継続雇用者給与等支給増加割合が4％以上であるときには特別税額控除率に5％（その増加割合が5％以上であるときには10％とされ、その増加割合が7％以上であるときには15％とされます。）が加算されます（措法42の12の5①一）。

　ロ 　教育訓練費増加割合が10％以上であり、かつ、教育訓練費の額の雇用者給与等支給額に対する割合が0.05％以上であるときには特別税額控除率が5％加算されます（措法42の12の5①二）。

　ハ 　プラチナくるみん認定又はプラチナえるぼし認定を受けているときには特別税額控除率が5％加算されます（措法42の12の5①三）。

③ 　本措置の適用を受けるために「給与等の支給額の引上げの方針、取引先との適切な関係の構築の方針その他の事項」を公表しなければならない者に、常時使用する従業員の数が2,000人を超えるものが追加されます（措法42の12の5①）。

④ 　本措置の適用を受けるために公表すべき「給与等の支給額の引上げの方針、取引先との適切な関係の構築の方針その他の事項」における取引先に消費税の免税事業者が含まれることが明確化されます。

＜図表Ⅴ－1＞　大企業向け賃上げ税制の拡充等

区　　分		改　正　前	改　正　後
通常要件	適用要件	継続雇用者給与等支給増加割合が3％以上増加	
		マルチステークホルダーに配慮した経営への取り組みを宣言	

件		「資本金10億円以上、かつ、従業員1,000人以上」	「資本金10億円以上、かつ、従業員1,000人以上」又は「常時使用従業員数2,000人超」
		雇用者給与等支給額が前年度を上回ること	
	税額控除額	控除対象雇用者給与等支給増加額の15％	控除対象雇用者給与等支給増加額の10％
上乗せ要件	適用要件（賃上げ）	継続雇用者給与等支給増加割合が4％以上増加	
	税額控除額	控除対象雇用者給与等支給増加額の25％（控除率10％上乗せ）	控除対象雇用者給与等支給増加額の15％（控除率5％上乗せ）
	適用要件（賃上げ）		継続雇用者給与等支給増加割合が5％以上増加
	税額控除額		控除対象雇用者給与等支給増加額の20％（控除率10％上乗せ）
	適用要件（賃上げ）		継続雇用者給与等支給増加割合が7％以上増加
	税額控除額		控除対象雇用者給与等支給増加額の25％（控除率15％上乗せ）
	適用要件（人的投資）	教育訓練増加割合が20％以上	教育訓練増加割合が10％以上、かつ、教育訓練費の額が雇用者給与等支給額の0.05％以上
	税額控除額	控除対象雇用者給与等支給増加額の20％（控除率5％上乗せ）	控除対象雇用者給与等支給増加額の15％（控除率5％上乗せ）
	適用要件		プラチナくるみん認定又はプ

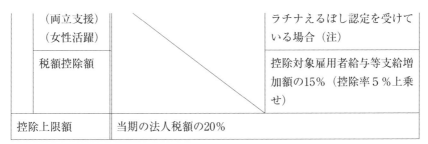

（両立支援） （女性活躍）		ラチナえるぼし認定を受けて いる場合（注）
税額控除額		控除対象雇用者給与等支給増 加額の15％（控除率５％上乗 せ）
控除上限額	当期の法人税額の20％	

（注）　子育てとの両立支援又は女性活躍支援

　　　　子育てと仕事の両立支援や女性活躍の推進の取組を後押しする観点から、こうした取組に積極的な企業に対する厚生労働省による認定制度（「くるみん」・「えるぼし」）を活用し、控除率の上乗せ措置が創設されます。

Q4　中堅企業向け賃上げ税制の創設

　地域における賃上げと経済の好循環の担い手として期待される常時使用従業員数2,000人以下の企業については、新たに「中堅企業」と位置付けた上で、従来の賃上げ率の要件を維持しつつ、特別税額控除率が見直され、より高い賃上げを行いやすい環境を整備する観点から、新しい賃上げ税制が創設されたそうですが、その内容について教えて下さい。

POINT

　継続雇用者給与等支給増加割合が３％以上のときは、雇用者全体の給与等増加額の10％、４％以上のときは30％が特別税額控除できます。教育訓練費増加割合が10％以上であるときは、特別税額控除割合が５％加算できます。さらに、子育てとの両立支援又は女性活躍支援に積極的な企業について、特別税額控除割合が５％加算できる措置が創設されます。

A　　青色申告書を提出する法人が、令和６年４月１日から令和９年３月31日までの間に開始する各事業年度において国内雇用者に対して給与等を支給する場合で、かつ、その事業年度終了の時において特定法人（常

時使用する従業員の数が2,000人以下であるもの（その法人及びその法人との間にその法人による支配関係がある法人の常時使用する従業員の数の合計数が１万人を超えるものは除かれます。））に該当する場合において、継続雇用者給与等支給増加割合が３％以上であるとき（その事業年度終了の時において、その法人の資本金の額又は出資金の額が10億円以上であり、かつ、その法人の常時使用する従業員の数が1,000人以上である場合には、給与等の支給額の引上げの方針、下請事業者その他の取引先との適切な関係の構築の方針等の一定の事項を公表している場合に限ります。）は、控除対象雇用者給与等支給増加額の10％（次に掲げる①賃上げ上乗せ要件、②人的投資上乗せ要件、③子育てとの両立支援又は女性活躍支援要件を満たす場合には、それぞれに掲げる特別税額控除割合を加算した割合）を乗じて計算した金額の特別税額控除ができます。

　ただし、特別控除税額は、当期の法人税額の20％が上限とされます（措法42の12の５②・⑤十）。

　なお、所得税についても同様とされます（措法10の５の４②・⑤九）。

　また、法人割の課税標準である法人税について同様とされます（令和６年改正地法附則９⑬）。

① 　賃上げ上乗せ要件

　継続雇用者給与等支給増加割合が４％以上であるときは、特別税額控除割合に15％が加算されます（措法42の12の５②一）。

② 　人的投資上乗せ要件

　教育訓練費増加割合が10％以上であり、かつ、教育訓練費の額の雇用者給与等支給額に対する割合が0.05％以上であるときは、特別税額控除割合に５％が加算されます（措法42の12の５②二）。

③ 　子育てとの両立支援又は女性活躍支援要件

　当期がプラチナくるみん認定若しくはプラチナえるぼし認定を受けている事業年度又はえるぼし認定（３段階目）を受けた事業年度であるときは、特別税額控除割合に５％が加算されます（措法42の12の５②三）。

中堅企業のマルチステークホルダーへの配慮

　中小企業の賃上げには、中小企業自身の取組みに加え、大企業等の取引先への労務費も含めた適切な価格転嫁も重要な要素とされる観点から、「従業員への還元」や「取引先への配慮」が必要なマルチステークホルダー方針の公表が要件となる企業の範囲が中堅企業枠の創設に伴い拡大されます。また、インボイス制度の実施に伴い、消費税の免税事業者との適切な関係の構築の方針についても記載が行われるように、マルチステークホルダー方針の記載事項が明確化されたそうですが、これらの内容について教えて下さい。

POINT

　必要なマルチステークホルダー方針の公表が要件となる企業の範囲が中堅企業枠の創設に伴い拡大されます。

A　　資本金の額等が10億円以上であり、かつ、常時使用する従業員の数が1,000人以上である場合には、「従業員への還元（給与等の支給額の引上げの方針・教育訓練費等の実施の方針）」や「取引先への配慮（取引先との適切な関係の構築の方針）」その他の事項を、各企業が自社の様々なステークホルダーに対し、どのような取組を行うかを自社のホームページで公表し、その内容などを経済産業大臣に届け出ている場合に限り、適用があるものとされます（措法42の12の５②）。

　また、賃上げ税制の適用を受けるために公表すべき「給与等の支給額の引上げの方針、取引先との適切な関係の構築の方針その他の事項」における取引先に消費税の免税事業者が含まれることが明確化されます。

　なお、所得税についても同様とされます（措法10の５の４②）。

＜図表Ｖ－２＞　中堅企業向け賃上げ税制の拡充等

区　　分		改　正　前	改　正　後
通常要件	適用要件	継続雇用者給与等支給増加割合が３％以上増加	
		マルチステークホルダーに配慮した経営への取組を宣言	
		「資本金10億円以上、かつ、従業員1,000人以上」	

			特定法人に該当すること
		雇用者給与等支給額が前年度を上回ること	
	税額控除額	控除対象雇用者給与等支給増加額の15％	控除対象雇用者給与等支給増加額の10％
上乗せ要件	適用要件（賃上げ）	継続雇用者給与等支給増加割合が４％以上増加	
	税額控除額	控除対象雇用者給与等支給増加額の25％（控除率10％上乗せ）	控除対象雇用者給与等支給増加額の25％（控除率15％上乗せ）
	適用要件（人的投資）	教育訓練増加割合が20％以上	教育訓練増加割合が10％以上、かつ、教育訓練費の額が雇用者給与等支給額の0.05％以上
	税額控除額	控除対象雇用者給与等支給増加額の20％（控除率５％上乗せ）	控除対象雇用者給与等支給増加額の15％（控除率５％上乗せ）
	適用要件（両立支援）（女性活躍）		プラチナくるみん認定・プラチナえるぼし認定を受けているとき又はえるぼし認定（３段階目）を受けたとき（注）
	税額控除額		控除対象雇用者給与等支給増加額の15％（控除率５％上乗せ）
控除上限額		当期の法人税額の20％	

（注）　子育てとの両立支援又は女性活躍支援

　　　子育てと仕事の両立支援や女性活躍の推進の取組を後押しする観点から、こうした取組に積極的な企業に対する厚生労働省による認定制度（「くるみん」・「えるぼし」）を活用し、控除率の上乗せ措置が創設されます。

Q6　人的投資上乗せ要件の見直し

　教育訓練費を増加させた場合の人的投資上乗せ要件については、雇用の環境を改善・人材投資及び働きやすい職場づくりへのインセンティブを付与するため設けられています。しかし、令和4年度の適用実態等では、大法人で28.8％（796社）・中小法人で8.6％（3,539社）にその適用が留まっていること及び僅かな教育訓練費の増加でも上乗せ特例の適用が可能であるなどの問題点が生じていました。

　令和6年度税制改正では、これら問題点を踏まえて、人的投資上乗せ要件の見直しが行われたそうですが、その内容について教えて下さい。

> ### POINT
>
> 　大企業向け、中堅企業向け及び中小企業向けの人的投資上乗せ要件の適用に当たって一定程度の教育訓練費を確保するための措置を講じた上で、適用要件の緩和が行われます。

A　大企業向けの措置及び中堅企業向けの人的投資上乗せ要件では、教育訓練費増加割合が10％以上（改正前：20％以上）であり、かつ、教育訓練費の額の雇用者給与等支給額に対する割合が0.05％以上であるときには特別税額控除率が5％加算されます（措法42の12の5①二・②二）。

　また、中小企業向けの人的投資上乗せ要件では、教育訓練費増加割合が5％以上（改正前：10％以上）であり、かつ、教育訓練費の額の雇用者給与等支給額に対する割合が0.05％以上であるときには特別税額控除率が10％加算されます（措法42の12の5③二）。

Q7　教育訓練費の定義

　Q6における「教育訓練費」の定義について教えて下さい。

POINT

　リカレント教育（生涯にわたって教育と就労を交互に行うことを勧める教育システム）等とされます。

A　「教育訓練費」とは、国内雇用者の職務に必要な技術・知識を習得させ又は向上させるための費用で、①その法人が教育訓練等（教育、訓練、研修、講習その他これらに類するものとされます。）を自ら行う場合の外部講師謝金、外部施設等使用料等の費用、②他の者に委託して教育訓練等を行わせる場合のその委託費、③他の者が行う教育訓練等に参加させる場合のその参加に要する費用とされます（措法42の12の5③五、措令27の12の5⑩、措規20の10④）。

　「比較教育訓練費の額」とは、法人の適用事業年度開始前1年以内に開始した各事業年度の所得の金額の計算上損金の額に算入される教育訓練費の額とされます（措法42の12の5③八）。また、適用を受けようとする事業年度に係る比較教育訓練費の額が零である場合には、①「その事業年度に係る教育訓練費の額が零である場合には教育訓練費増加要件を満たさないもの」とされ、②「①以外の場合には教育訓練費増加要件を満たすもの」とされます（措令27の12の5㉔㉕）。

　なお、所得税についても同様とされます（措法10の5の4③六・七、措令5の6の4⑩、措規5の12④）。

　また、確定申告に際し、適用年度、前事業年度に係る教育訓練費の算出の根拠となる資料として、次に掲げる事項が記載された書類（様式は自由）を保存（提出）しなければなりません（措令5の6の4⑩⑪・27の12の5⑩⑪、措規5の6の4⑤・20の10⑤）。

①　教育訓練等の実施時期

②　教育訓練等の実施内容及び実施期間

③　教育訓練等の受講者

④　教育訓練費の支払証明を記載した書類

＜図表V−3＞　教育訓練費の明細書のイメージ

区　分	内容及び実施期間	受講者	支払証明	金　額
令和〇年〇月	AI技術研修（5日間）	名簿（別添1）	領収書（別紙1）	××　円
合　　　　計				××　円

Q8 子育てとの両立支援又は女性活躍支援要件の創設

　「デフレ完全脱却のための総合経済対策（令和5年11月2日閣議決定）で
は、人口減少を乗り越え、変化を力にする社会変革を起動・推進する包括社
会の実現のために女性活躍の推進が検討されています。
　令和6年度税制改正では、子育てと仕事の両立支援又は女性活躍の推進の
取組を後押しする観点から、こうした取組に積極的な企業へのインセンティ
ブとして、子育てとの両立支援又は女性活躍支援要件が創設されたそうです
が、その内容について教えて下さい。

┌─ **POINT** ─────────────────────────┐

　子育てと仕事の両立支援や女性活躍の推進の取組みを促進するため、
厚生労働省による認定制度（「くるみん」・「えるぼし」）を活用し、控除
率の上乗せ措置が創設されます。

└──────────────────────────────────┘

　　　　　　子育てと仕事の両立支援や女性活躍の推進の取組を後押しする観
　　　　　点から、こうした取組に積極的な企業に対する厚生労働省による認

定制度（「くるみん」・「えるぼし」）を活用し、特別税額控除率の上乗せ措置
が創設されます。これにより、大企業向けの措置及び中堅企業向けの賃上げ
促進税制の最大控除率は、35％（改正前：30％）に引き上がります。また、
中小企業向けの所得拡大促進税制の最大控除率は、45％（改正前：40％）に
引き上がります。その結果、賃上げ促進税制又は所得拡大促進税制の位置付
けは、賃金だけでない「働き方」全般にプラスの効果を及ぼすような税制措
置となります。

　なお、「くるみん」とは、仕事と子育ての両立サポートや多様な労働条件・
環境整備等に積極的に取り組む企業に対する認定とされています。また、「え
るぼし」とは、女性の活躍推進に関する状況や取組等が優良な企業に対する
認定とされています。

＜図表Ⅴ－４＞　くるみん認定基準及びえるぼし認定基準

	認定基準（一部抜粋）	
	男性育休取得率	女性育休取得率
トライくるみん	7％	75％
くるみん	10％	75％
プラチナくるみん	30％	75％

	基本の５つの基準	認定基準（一部抜粋）
えるぼし（１段階目）	1　採用（注1） 2　継続就職（注2） 3　労働時間等の働き方（注3） 4　管理職比準（注4） 5　多様なキャリアコース（注5）	5基準のうち1つ又は2つを充足
えるぼし（２段階目）		5基準のうち3つ又は4つを充足
えるぼし（３段階目）		5基準全て充足
プラチナえるぼし		5基準全て充足（注6）

（注1）　女性の競争倍率が同程度・正社員に占める女性比率が産業平均以上
（注2）　女性の平均勤続年数が男性の7割以上等
（注3）　平均残業45h／月未満等
（注4）　女性の管理職比率が産業平均以上
（注5）　正社員への転換、子育て世代女性の正社員採用

（注6）　通常のえるぼし基準よりも厳しい基準（次に掲げる①②）、かつ、行動計画
　　　の目標の達成が義務
　　　①　女性の平均勤続年数が男性の8割以上等
　　　②　女性の管理職比率が産業平均の1.5倍以上

国内雇用者の定義

Q1及びQ4における国内雇用者の定義について教えて下さい。

> **POINT**
>
> 　法人の使用人（法人の役員、役員の親族等の特殊関係者及び使用人兼務役員を除きます。）のうち、その法人の国内の事業所に勤務する者として賃金台帳に記載された者とされます。

A　「国内雇用者」とは、法人の使用人のうちその法人の国内に所在する事業所につき作成された賃金台帳に記載された者とされます（措法42の12の5③二、措令27の12の5⑥）。

　なお、パート、アルバイト、日雇い労働者も含まれますが、使用人兼務役員を含む役員及び役員の特殊関係者は含まれません。そこで、年度の途中又は月の途中で役員になった者は、役員分の給与は除き、使用人に該当する期間の給与のみ計算の対象とされます（措法42の12の5③二、措令27の12の5⑤）。

　また、一時的に海外で働いている者及び海外に長期出張等をしていた者でも、国内の事業所で作成された賃金台帳に記載され、給与所得となる給与等の支給を受けている者は、海外で勤務をしていても国内雇用者に該当することとなります。

給与等の定義

Q3及びQ4における給与等の定義について教えて下さい。

> **POINT**
>
> 　所得税法の給与所得となる給与とされます。

A　　　「給与等」とは、俸給・給料・賃金・歳費及び賞与並びにこれらの性質を有する給与（給与所得となる給与）とされます（措法42の12の5③三、所法28①）。また、退職金などの給与所得とならないものについては、原則として給与等には該当しないこととされます。

　ただし、賃金台帳に記載された支給額（所得税法上課税されない通勤手当等の額を含みます。）のみを対象として計算する等、合理的な方法により継続して国内雇用者に対する給与等の支給額の計算をしている場合は、給与等に含めることができます（措通42の12の5－1の2）。

Q11 継続雇用者の定義

　Q3及びQ4における継続雇用者の定義について教えて下さい。

> **POINT**
>
> 　当期及び前期の全期間の各月分の給与等の支給がある雇用者で一定のものとされます。

A　　　「継続雇用者」とは、前事業年度及び適用年度の全期間の各月において給与等の支給がある国内雇用者（雇用保険法の一般被保険者に該当する者に限るものとされ、高年齢者等の雇用の安定等に関する法律の継続雇用制度に基づき雇用される者を除きます。）とされます（措法42の12の5③四かっこ書、措令27の12の5⑦、措規20の10①）。

　「一般被保険者」とは、雇用保険の適用事業に雇用される労働者であって、1週間の所定労働時間が20時間未満である者等（雇用保険法の適用除外となる者）以外は、原則として、被保険者とされます。また、「被保険者」のうち、

高年齢被保険者（65歳以上の被保険者）、短期雇用特例被保険者（季節的に雇用される者）、日雇労働被保険者（日々雇用される者、30日以内の期間を定めて雇用される者）以外の被保険者とされます（雇保60の2①一）。

＜図表Ⅴ－5＞　継続雇用者の範囲

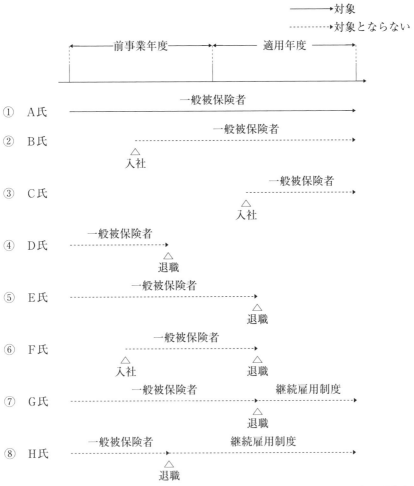

（注）　一般被保険者に該当しない者でも、週20時間以上勤務している者は対象とされます。

継続雇用者給与等支給額及び継続雇用者比較給与等支給
額の定義

Ｑ３及びＱ４における継続雇用者給与等支給額及び継続雇用者比較給与等
支給額の定義について教えて下さい。

POINT

　継続雇用者給与等支給額とは、継続雇用者に対する給与等の支給額と
されます。継続雇用者比較給与等支給額とは、前期の継続雇用者給与等
支給額とされます。

A　　　「継続雇用者給与等支給額」とは、継続雇用者に対する適用年度
の雇用者給与等支給額（その給与等に充てるために他の者から支給
を受ける金額（国又は地方公共団体から受ける「助成金（雇保62①一）」その
他これに類するものを除きます。）がある場合には、その金額を控除した金額、
以下同じ）とされます（措法42の12の５③四、措令27の12の５⑧）。「雇用者給与
等支給額」とは、法人の適用年度の所得の金額の計算上損金の額に算入され
る「全ての国内雇用者」に対する給与等の支給額とされます（措法42の12の５
③九）。
　「継続雇用者比較給与等支給額」とは、前述した継続雇用者に対する前事
業年度の給与等支給額とされます（措法42の12の５③五、措令27の12の５⑨）。
「比較雇用者給与等支給額」とは、法人の適用年度開始の日の前日を含む事
業年度の所得の金額の計算上損金の額に算入される「全ての国内雇用者」に
対する給与等の支給額とされます（措法42の12の５③十）。
　なお、給与の支給月が支給対象月の翌月となっているなど、給与の支給対
象月と支給月が異なる場合には、支給対象月が適用年度である当期と前期の
全ての月分あるかどうかにより判断することとなりますので、留意して下さ
い。また、計算の基礎となる継続雇用者が０人の場合には、本制度の適用が
受けられません。

Q13 控除対象雇用者給与等支給増加額の定義

Ｑ３及びＱ４における控除対象雇用者給与等支給増加額の定義について教えて下さい。

> ### POINT
>
> 　控除対象雇用者給与等支給増加額とは、雇用者給与等支給額から比較雇用者給与等支給額を控除した金額とされます。
>
> 　ただし、調整雇用者給与等支給増加額（適用年度の雇用安定助成金額を控除した「雇用者給与等支給額」から、前事業年度の雇用安定助成金額を控除した「比較雇用者給与等支給額」を控除した金額）が限度とされます。

A　「控除対象雇用者給与等支給増加額」とは、法人の雇用者給与等支給額からその比較雇用者給与等支給額を控除した金額（その金額がその法人の調整雇用者給与等支給増加額（次の①に掲げる金額から②に掲げる金額を控除した金額とされます。）を超える場合には、その調整雇用者給与等支給増加額）とされます（措法42の12の5③六）。

　なお、調整雇用者給与等支給増加額とは、適用年度の雇用安定助成金額を控除した「雇用者給与等支給額」から、前事業年度の雇用安定助成金額を控除した「比較雇用者給与等支給額」を控除した金額とされます。

① 　雇用者給与等支給額（その雇用者給与等支給額の計算の基礎となる給与等に充てるための雇用安定助成金額（国又は地方公共団体から受ける事業として支給が行われる「助成金（雇保62①一）」その他これに類するものの額とされます。以下②において同じ）がある場合には、その雇用安定助成金額を控除した金額）

② 　比較雇用者給与等支給額（その比較雇用者給与等支給額の計算の基礎となる給与等に充てるための雇用安定助成金額がある場合には、その雇用安定助成金額を控除した金額）

【用語の定義】

1　「他の者から支払いを受ける金額」の定義

　　次に掲げるものとされます。

①　その補助金、助成金、給付金又は負担金その他これらに準ずるもの（以下「補助金等」といいいます。）の要綱、要領又は契約において、その補助金等の交付の趣旨又は目的がその交付を受ける法人の給与等の支給額に係る負担を軽減させることが明らかにされている場合のその補助金等の交付額

　　≪具体例≫

　　　　業務改善助成金

②　①以外の補助金等の交付額で、資産の譲渡、資産の貸付け及び役務の提供に係る反対給付としての交付額に該当しないもののうち、その算定方法が給与等の支給実績又は支給単価（雇用契約において時間、日、月、年ごとにあらかじめ決められている給与等の支給額をいいます。）を基礎として定められているもの

　　≪具体例≫

　　　　雇用調整助成金、緊急雇用安定助成金、産業雇用安定助成金、労働移動支援助成金（早期雇い入れコース）、キャリアアップ助成金（正社員化コース）、特定求職者雇用開発助成金（就職氷河期世代安定雇用実現コース）、特定求職者雇用開発助成金（特定就職困難者コース）

③　①及び②以外の補助金等の交付額で、法人の使用人が他の法人に出向した場合において、その出向した使用人（以下「出向者」といいます。）に対する給与を出向元法人（出向者を出向させている法人をいいます。以下同じ。）が支給することとしているときに、出向元法人が出向先法人（出向元法人から出向者の出向を受けている法人をいいます。以下同じ。）から支払を受けた出向先法人の負担すべき給与に相当する金額

2　「雇用安定助成金」の定義

　　国又は地方公共団体から受ける雇用保険法第62条第１項第１号に掲げる雇用安定事業として支給が行われる助成金その他これに類するものの額をいいます。具体的には、次に掲げるものとされます。

①　雇用調整助成金、産業雇用安定助成金又は緊急雇用安定助成金の額

②　①に上乗せして支給される助成金の額その他の①に準じて地方公共団体から支給される助成金の額

（経済産業省「大企業向け「賃上げ促進税制」御利用ガイドブック」（令５・４・18公表版））

Q14 適用関係

Ｑ３からＱ８における人材確保等促進税制の抜本的見直しの適用関係について教えて下さい。

POINT

令和６年４月１日以後に開始する事業年度から適用されます。

A 　Ｑ３からＱ８の改正は、法人の令和６年４月１日以後に開始する事業年度の所得に対する法人税について適用され、同日前に開始した事業年度の所得に対する法人税については、なお従前の例によります（令和６年改正法附則38）。

また、個人については令和７年分以後の所得税について適用され、令和６年分以前の所得税については、なお従前の例によります（令和６年改正法附則26①）。

なお、Ｑ３からＱ８の改正に伴い、税額控除制度を中小企業者等に係る法人住民税に適用することとされます。

Q15 付加価値割における人材確保等促進税制の対応

Ｑ３からＱ８の法人税の人材確保等促進税制の抜本的見直しに合わせ、外形標準課税の付加価値割における人材確保等促進税制の対応について教えて下さい。

POINT

継続雇用者給与等支給増加割合が３％以上の要件を満たす大法人（資本金１億円以上の法人）について、外形標準課税の付加価値額から控除対象雇用者給与等支給額が控除できます。

A 　大法人が、令和6年4月1日から令和9年3月31日までの間に開始する各事業年度において国内雇用者に対して給与等を支給する場合において、継続雇用者給与等支給額から継続雇用者比較給与等支給額を控除した金額の継続雇用者比較給与等支給額に対する割合が3％以上（改正前：新規雇用者給与等支給額から新規雇用者比較給与等支給額を控除した金額の新規雇用者比較給与等支給額に対する割合が2％以上）である等の要件を満たすときは、控除対象雇用者給与等支給額（改正前：控除対象新規雇用者給与等支給額）を付加価値割の課税標準から控除できることとされます（令和6年改正地法附則9⑬～⑮）。

〔算式〕

付加価値割＝（単年度損益＋純支払賃借料＋純支払利子＋報酬給与額－控除対象雇用者給与等支給額（注））×1.2%

（注）　雇用安定控除（報酬給与額が収益配分額の70％を超える場合には、付加価値額から雇用安定控除額を控除）あり。

　　　　雇用安定控除額＝「報酬給与額」－「収益配分額」×70％

Q16 適用関係

Q15における付加価値割における人材確保等促進税制の対応の適用関係について教えて下さい。

POINT

令和6年4月1日以後に開始する事業年度から適用されます。

A 　Q15の改正は、法人の令和6年4月1日以後に開始する事業年度の法人事業税の付加価値割について適用され、同日前に開始した事業年度の法人事業税の付加価値割については、なお従前の例によります（令和6年改正地法附則9⑬⑰）。

2　中小企業における所得拡大促進税制の見直し

Q1　改正前の中小企業における所得拡大促進税制の概要

　令和4年度税制改正では、「成長と分配の好循環」の実現に向けて、中小企業全体として雇用を確保しつつ、積極的な賃上げ及び人材投資を促す必要があり、そのためには一人ひとりの賃上げ及び雇用の確保により給与総額を増加させる中小企業を支援するという観点から、より大幅な賃上げ及び人材投資を行った企業に対して、中小企業向けの給与等の支給額が増加した場合の法人税額の特別控除（いわゆる所得拡大促進税制）の要件が見直されたそうですが、その制度の概要について教えて下さい。

POINT

　雇用者給与等支給増加割合が1.5％以上である場合には、雇用者全体の給与増加額の15％の特別税額控除ができます。賃上げ上乗せ要件として雇用者給与等支給増加割合2.5％以上である場合には、特別税額控除が30％とされます。更に人的投資の上乗せ要件として教育訓練費増加割合が10％以上である場合には、特別税額控除が25％とされます。
　ただし、前述した1のQ1に掲げる人材確保等促進税制との選択適用とされます。

A　青色申告書を提出する中小企業者（中小企業者のうち適用除外事業者に該当するものを除きます。）等が、平成30年4月1日から令和6年3月31日までの間に開始する各事業年度（前述した1のQ1の規定の適用を受ける事業年度、設立事業年度、解散（合併による解散を除きます。）の日を含む事業年度及び清算中の各事業年度は対象外とされます。）において国内雇用者に対して給与等を支給する場合において、その事業年度において中小企業者等の雇用者給与等支給額から比較雇用者給与等支給額を控除した金額のその比較雇用者給与等支給額に対する割合（以下「雇用者給与等支給増加割合」といいます。）が1.5％以上であるときは、その中小企業者等の控除対象雇用者給与等支給増加額の15％（次に掲げる①賃上げ上乗せ要件、②

人的投資上乗せ要件を満たす場合には、それぞれに掲げる特別税額控除割合を加算した割合）を乗じて計算した金額の特別税額控除ができます。

　ただし、特別控除税額は、当期の法人税額の20％相当額が上限とされます（旧措法42の12の5②）。

　なお、所得税も同様とされます（旧措法10の5の4②）。

① 　賃上げ上乗せ要件

　　雇用者給与等支給増加割合が2.5％以上である場合には、特別税額控除割合に15％が加算されます。

② 　人的投資上乗せ要件

　　教育訓練費の額の比較教育訓練費の額を控除した金額のその比較教育訓練費の額に対する割合（以下「教育訓練費増加割合」といいます。）が10％以上である場合には、特別税額控除割合に10％が加算されます。

＜図表Ⅴ－6＞　中小企業における所得拡大促進税制の税額控除額のイメージ（改正前）

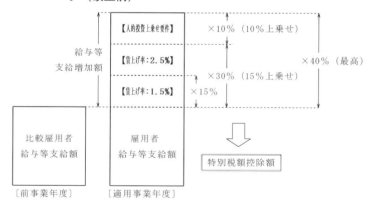

Q2 中小企業における所得拡大促進税制の拡充及び延長

　中小企業においては、未だその6割が欠損法人となっており、税制措置のインセンティブが必ずしも効かない構造となっています。しかし、わが国の雇用の7割は中小企業が担っており、広く国民の構造的・持続的な賃上げを

果たしていくためには、こうした企業に賃上げの裾野を拡大していくことは極めて重要な課題とされています。

　令和6年度税制改正では、所得拡大促進税制をより使いやすいものとしていくため、従来の賃上げ要件及び特別税額控除率を維持しつつ、赤字法人においても賃上げを促進するために新たに繰越税額控除制度が創設されます。また、これらの措置に加え、雇用の環境を改善するため、人材投資や働きやすい職場づくりへのインセンティブも付与されたそうですが、その内容について教えて下さい。

POINT

　これまで賃上げ税制を活用できなかった赤字企業にも賃上げチャレンジを後押しするため、当期の税額から控除できなかった分を5年間という前例のない期間にわたって繰り越すことが可能とされます。

　また、持続的な賃上げを実現する観点から、繰越控除する年度については、全雇用者の給与等支給額が対前年度から増加していることが要件とされます。

A　中小企業における所得拡大促進税制について、次の見直しを行い、控除限度超過額は5年間の繰越しができることとされ、その適用期限が令和9年3月31日（改正前：令和6年3月31日）まで3年延長されます（措法42の12の5③）。

　なお、所得税についても同様とされます（措法10の5の4③④⑤九・十一）。

　また、法人割の課税標準である法人税について同様とされます（令和6年改正地法附則8⑧～⑩）。

①　人的投資上乗せ要件

　教育訓練費増加割合が5％以上であり、かつ、教育訓練費の額の雇用者給与等支給額に対する割合が0.05％以上であるときには、特別税額控除割合に10％が加算されます（措法42の12の5③二）。

②　子育てとの両立支援又は女性活躍支援要件

　当期がプラチナくるみん認定若しくはプラチナえるぼし認定を受けている事業年度又はくるみん認定若しくはえるぼし認定（2段階目以上）を受けた事業年度であるときには、特別税額控除割合に5％が加算されます（措

法42の12の5③三）。

③　繰越税額控除制度

　青色申告書を提出する法人において雇用者給与等支給額が比較雇用者給与等支給額を超える場合において、その法人が繰越税額控除限度超過額を有するときは、その事業年度の所得に対する調整前法人税額から、その繰越税額控除限度超過額に相当する金額が控除されます。

　この場合において、その法人の事業年度における繰越税額控除限度超過額がその事業年度の所得に対する調整前法人税額の20％相当額（その事業年度においてその事業年度の所得に対する調整前法人税額から控除される金額がある場合には、その金額を控除した残額）を超えるときは、その控除を受ける金額は、20％相当額が限度とされます（措法42の12の5④、令和6年改正地法附則8⑪）。

　なお、繰越税額控除制度の規定の適用を受けようとする法人のその適用を受けようとする事業年度に係る比較雇用者給与等支給額が零である場合には、雇用者給与等支給額がその比較雇用者給与等支給額を超える場合に該当しないものとされます（措令27の12の5⑫）。

　また、「繰越税額控除限度超過額」とは、法人の適用年度開始の日前5年以内に開始した各事業年度（その適用年度まで連続して青色申告書の提出をしている場合の各事業年度に限ります。）における中小企業者等税額控除限度額のうち、控除をしてもなお控除しきれない金額（既にその各事業年度において調整前法人税額から控除された金額がある場合には、その金額を控除した残額）の合計額とされます（措法42の12の5⑤十二）。

④　他の者から支払を受ける金額

　給与等の支給額から控除する「給与等に充てるため他の者から支払を受ける金額」に看護職員処遇改善評価料及び介護職員処遇改善加算その他の役務の提供の対価の額が含まれないこととされます（措法42の12の5⑤四）。

＜図表Ⅴ－7＞　中小企業における所得拡大促進税制の拡充のまとめ

区　分		改　正　前	改　正　後
通常要件	適用要件	雇用者給与等支給増加割合が1.5％以上	
	税額控除額	控除対象雇用者給与等支給増加額の15％	

	適用要件 （賃上げ）	雇用者給与等支給額が前年度より2.5％以上増加	
上乗せ要件	税額控除額	控除対象雇用者給与等支給増加額の30％（控除率15％上乗せ）	
	適用要件 （人的投資）	教育訓練費増加割合が10％以上	教育訓練費増加割合５％以上、かつ、教育訓練費の額が雇用者給与等支給額の0.05％以上
	税額控除額	控除対象雇用者給与等支給増加額の25％（控除率10％上乗せ）	
	適用要件 （両立支援） （女性活躍）		プラチナくるみん認定・プラチナえるぼし認定を受けているとき又はくるみん認定・えるぼし認定（２段階目以上）を受けたとき（注）
	税額控除額		控除対象雇用者給与等支給増加額の20％（控除率５％上乗せ）
控除上限額		当期の法人税額の20％	
繰越税額控除			雇用者給与等支給額が比較雇用者給与等支給額を超える場合には、５年間の繰越し可

（注）　子育てとの両立支援又は女性活躍支援
　　子育てと仕事の両立支援や女性活躍の推進の取組を後押しする観点から、こうした取組に積極的な企業に対する厚生労働省による認定制度（「くるみん」・「えるぼし」）を活用し、控除率の上乗せ措置が創設されます。

Q3 適用関係

　Q２における所得拡大促進税制の拡充の適用関係について教えて下さい。

令和6年4月1日以後に開始する事業年度から適用されます。

A　　Q2の改正は、法人の令和6年4月1日以後に開始する事業年度の所得に対する法人税について適用され、同日前に開始した事業年度の所得に対する法人税については、なお従前の例によります（令和6年改正法附則38）。

Q2③の改正は、令和6年4月1日以後に開始する事業年度において生ずる控除しきれない金額について適用されます（令和6年改正法附則44）。

個人については令和7年分以後の所得税について適用され、令和6年分以前の所得税については、なお従前の例によります（令和6年改正法附則26①）。また、個人の繰越税額控除については、令和7年分以後において生ずる控除しきれない金額について適用されます（令和6年改正法附則26②）。

なお、Q2の改正に伴い、税額控除制度を中小企業者等に係る法人住民税に適用することとされます。

Q4　付加価値割における所得拡大促進税制の対応

Q2の法人税の所得拡大促進税制の抜本的見直しに合わせ、外形標準課税の付加価値割における所得拡大促進税制の対応について教えて下さい。

外形標準課税の対象とされる中小企業者等について、外形標準課税の付加価値額から控除対象雇用者給与等支給額が控除できます。

A　　中小企業者等が、令和7年4月1日から令和9年3月31日までの間に開始する各事業年度において国内雇用者に対して給与等を支給する場合において、雇用者給与等支給額の比較雇用者給与等支給額に対する増加割合が1.5%以上である等の要件を満たすときは、控除対象雇用者給与

等支給増加額を付加価値割の課税標準から控除できることとされます（令和6年改正地法附則9⑭）。

　また、この見直し及び延長に伴い、税額控除制度を中小企業者等に係る法人住民税に適用することとされます（令和6年改正地法附則11）。

〔算式〕

付加価値割＝（単年度損益＋純支払賃借料＋純支払利子＋報酬給与額－控除対象雇用者給与等支給額（注））×1.2%

（注）　雇用安定控除（報酬給与額が収益配分額の70%を超える場合には、付加価値額から雇用安定控除額を控除）あり。

　　　　雇用安定控除額＝「報酬給与額」－「収益配分額」×70%

Q5　適用関係

　Q4における付加価値割における所得拡大促進税制の対応の適用関係について教えて下さい。

POINT

　令和7年4月1日以後に開始する事業年度から適用されます。

A　　Q4の改正は、法人の令和7年4月1日以後に開始する事業年度の法人事業税の付加価値割について適用され、同日前に開始した事業年度の法人事業税の付加価値割については、なお従前の例によります。

3　法人税額から控除される特別控除額の特例の見直し

Q1　改正前制度の概要

　収益が拡大しているにも関わらず、賃上げ及び設備投資に積極的でない資本金１億円超の大企業に対し、果断な経営判断を促すため、大企業につき研究開発税制その他生産性の向上に関連する税額控除の規定（以下「法人税の額から控除される特別控除額の特例」といいます。）の改正前制度の概要について教えて下さい。

POINT

　所得金額要件、賃上げ要件及び設備投資要件の全てに該当する場合には、特定税額控除の適用ができないこととされます。

A　法人（中小企業者（適用除外事業者に該当するものを除きます。）又は農業協同組合等以外の法人とされます。）が、平成30年４月１日から令和６年３月31日までの間に開始する各事業年度（以下「対象年度」といいます。）において、法人税の額から控除される特別控除額の特例の適用を受けようとする場合において、次の①から③の全ての要件を満たすとき（設立事業年度又は合併等の日を含む事業年度は除かれます。）は、その事業年度については、特定税額控除の規定が適用できません（旧措法42の13⑤、旧措令27の13⑧⑨）。

　なお、所得税についても同様とされます（旧措法10の６⑤）。

① 　所得金額要件

　　対象年度の所得の金額が前年度の所得の金額を上回ること。

② 　賃上げ要件

　イ　前年度が黒字の大企業

　　　資本金10億円以上かつ従業員1,000人以上の大企業で前年度黒字である場合は、継続雇用者給与等支給増加割合が１％（令和４年度は0.5％）未満であること。

　ロ　上記イ以外の大企業

　　　継続雇用者給与等支給額が継続雇用者比較給与等支給額以下であること。

③　設備投資要件

　　国内設備投資額が減価償却費の総額の30％以下に留まること。

＜図表Ⅴ－8＞　特別控除額の特例の対象とされる規定の範囲

①　試験研究を行った場合の税額控除制度（研究開発税制）（措法42の4①⑦）
②　地域経済牽引事業の促進区域内において特定事業用機械等を取得した場合の税額控除制度（地域未来投資促進税制）（措法42の11の2②）
③　認定特定高度情報通信技術活用設備を取得した場合の税額控除制度（5G導入促進税制）（措法42の12の5の2②）
④　事業適応設備を取得した場合の税額控除制度（デジタルトランスフォーメーション投資促進税制）（措法42の12の7②）
⑤　生産工程効率化等設備等を取得した場合の税額控除制度（カーボンニュートラル投資促進）（措法42の12の7②）

Q₂ 賃上げ要件及び設備投資要件の強化

　収益が拡大しているにも関わらず、賃上げ及び設備投資に積極的でない資本金1億円超の大企業に対しキャッシュアウトを促すため、法人税の額から控除される特別控除額の特例の適用要件のうち賃上げ要件及び設備投資要件が強化されたそうですが、その内容について教えて下さい。

POINT

　①賃上げ要件として従業員2,000人超の大企業で前年度黒字である場合、②設備投資要件として資本金10億円以上、かつ、従業員の数が1,000人以上又は従業員2,000人超の大企業で前年度黒字である場合には当期の減価償却費の40％以下が追加されます。

A　　法人税額から控除される特別控除額の特例における特定税額控除規定が不適用とされる措置について、継続雇用者給与等支給額に係る要件（賃上げ要件）が、事業年度終了の時において、その法人の資本金の額又は出資金の額が10億円以上であり、かつ、その法人の常時使用する従業員の数が1,000人以上であること又は従業員の数が2,000人超であること及び前事業年度の所得の金額が零を超える一定の場合のいずれにも該当する場合には、継続雇用者給与等支給額から継続雇用者比較給与等支給額を控除した金額のその継続雇用者比較給与等支給額に対する割合（以下「継続雇用者給与等支給増加割合」といいます。）が１％以上増加していないこととされます（措法42の13⑤一）。

　また、国内設備投資額に係る要件（設備投資要件）が、事業年度終了の時において、その法人の資本金の額又は出資金の額が10億円以上であり、かつ、その法人の常時使用する従業員の数が1,000人以上であること又は従業員の数が2,000人超であること及び前事業年度の所得の金額が零を超える一定の場合のいずれにも該当する場合には、国内設備投資額が当期償却費総額の40％（改正前：30％）を超えることとされます（措法42の13⑤二）。

　なお、所得税についても同様とされます（措法10の6⑤一・二）。

＜図表Ⅴ－9＞　特定税額控除規定の不適用要件の見直し

区　　分		改　正　前	改　正　後
所得金額要件		所得金額が前年度の所得金額を上回ること。	
賃上げ要件	資本金10億円以上かつ従業員1,000人以上で、前年度黒字である場合	継続雇用者給与等支給増加割合が１％以上増加していないこと。	
	従業員2,000人超、前年度黒字である場合		継続雇用者給与等支給増加割合が１％以上増加していないこと。
	上記以外	継続雇用者給与等支給額が継続雇用者比較給与等支給額以下であること。	
設	資本金10億円以上かつ従業員1,000人以上で、	国内設備投資額が減価償却費の総額の30％以下に	国内設備投資額が減価償却費の総額の40％以下に

備投資要件	前年度黒字である場合	留まること。	留まること。
	従業員2,000人超、前年度黒字である場合		
	上記以外	国内設備投資額が減価償却費の総額の30％以下に留まること。	

Q3　賃上げ要件の範囲の見直し

Q2における賃上げ要件を判定する場合の給与等の支給額の範囲が見直されたそうですが、その内容について教えて下さい。

POINT

給与等に充てるため他の者から支払を受ける金額に看護職員処遇改善評価料及び介護職員処遇改善加算等が含まれないこととされます。

A　　継続雇用者給与等支給額に係る要件（賃上げ要件）を判定する場合に給与等の支給額から控除する「給与等に充てるため他の者から支払を受ける金額」に看護職員処遇改善評価料及び介護職員処遇改善加算その他の役務の提供の対価の額が含まれないこととされます。

Q4　適用期限の延長

法人税額から控除される特別控除額の特例における特定税額控除規定が不適用とされる措置の適用期限の延長について教えて下さい。

POINT

適用期限が3年延長されます。

A　法人税額から控除される特別控除額の特例の適用期限が令和９年３月31日（改正前：令和６年３月31日）まで３年延長されます（措法42の13⑤）。

　なお、所得税については、適用期限が令和９年（改正前：令和６年）まで３年延長されます（措法10の６⑤）。

Q5　適用関係

　Q２における賃上げ要件及び設備投資要件の強化見直しの適用関係について教えて下さい。

POINT

令和６年４月１日以後に開始する事業年度から適用されます。

A　Q２の改正は、法人の令和６年４月１日以後に開始する事業年度の所得に対する法人税について適用され、同日前に開始した事業年度の所得に対する法人税については、なお従前の例によります（令和６年度改正法附則38）。

　また、個人については令和７年分以後の所得税について適用され、令和６年分以前の所得税については、なお従前の例によります（令和６年度改正法附則28）。

4 外形標準課税の見直し

Q1 制度の概要

普通法人の法人事業税の制度の概要について教えて下さい。

POINT

　法人事業税は、事務所等を有する法人に対して、その事務所等が所在する都道府県が課税します。

A 　法人事業税は、法人が行う事業そのものに課される税であり、法人がその事業活動を行うに当たって地方団体の各種の行政サービスの提供を受けることから、これに必要な経費を分担すべきであるという考え方に基づき、事務所等を有する法人に対して、その事務所等が所在する都道府県が課税します。

　資本金1億円超の普通法人に対しては、付加価値額に応じた付加価値割、資本金等の額に応じた資本割、所得に応じた所得割が課され、資本金1億円以下の普通法人等に対しては、所得割のみが課されます。

＜図表V－10＞　普通法人の法人事業税の税率

区　　　　分			税　率
資本金1億円以下の普通法人	所得割	年400万円以下の所得	3.5% (4.785%)
		年400万円超 年800万円以下の所得	5.3% (7.261%)
		年800万円超の所得	7.0% (9.59%)
資本金1億円超の普通法人	付加価値割		1.2%
	資　本　割		0.5%

所　得　割	1.0% (3.6%)

(注)　カッコ書きは、特別法人事業税相当分を含む税率とされます。

Q₂　減資への対応

　法人事業税の外形標準課税は、平成16年度に資本金１億円超の大法人を対象に導入され、平成27・28年度税制改正において、より広く負担を分かち合い、企業の稼ぐ力を高める法人税改革の一環として、所得割の税率引き下げとあわせて、段階的に拡大されてきました。

　外形標準課税の対象法人数は、資本金１億円以下への減資を中心とした要因により、導入時に比べて数では約１万社、割合では約３分の２まで減少しています。この減少の要因として、損失処理等に充てるためではなく、財務会計上、単に資本金を資本剰余金へ項目間で振り替える減資を行っている事例も多数存在し、こうした減資による対象法人数の減少は、法人税改革の趣旨及び地方税収の安定化・税負担の公平性といった制度導入の趣旨を損なう恐れがあり、問題視されていました。

　令和６年度税制改正では、項目振替型減資を企画した大企業への対応が行われるそうですが、その内容について教えて下さい。

POINT

　前事業年度に外形標準課税の対象であった法人が資本金１億円以下になった場合でも、資本金と資本剰余金の合計額が10億円を超える場合には、外形標準課税の対象とされます。

　なお、現時点で外形標準課税の対象外とされている中小企業・スタートアップ企業（資本金１億円以下）については、引き続き外形標準課税の対象外とされます。

A 　外形標準課税の対象法人について、資本金又は出資金（以下単に「資本金」といいます。）1億円超の現行基準が維持されます。そこで、外形標準課税の対象外とされている中小企業・スタートアップ企業（資本金1億円以下）については、引き続き外形標準課税の対象外（新設法人も事業年度末日時点で資本金1億円以下であれば外形標準課税の対象外）とされます。

　令和6年度税制改正では、その事業年度の前事業年度に外形標準課税の対象であった法人が、減資によりその事業年度に資本金1億円以下になった場合でも、資本金と資本剰余金（これに類するものを含みます。以下単に「資本剰余金」といいます。）の合計額（以下「資本金と資本剰余金の合計額」といいます。）が10億円を超えるときには、原則として外形標準課税の対象とされます。

　また、令和7年4月1日（施行日）以後最初に開始する事業年度については、前述した改正内容にかかわらず、令和6年3月30日（公布日）を含む事業年度の前事業年度（公布日の前日に資本金が1億円以下となっていた場合には、公布日以後最初に終了する事業年度）に外形標準課税の対象であった法人であって、その施行日以後最初に開始する事業年度に資本金1億円以下で、資本金と資本剰余金の合計額が10億円を超えるものは、外形標準課税の対象とされます（地法72の2①ロ（1））。

＜図表V-11＞　項目振替型減資への対応

〔企業会計上の貸借対照表〕

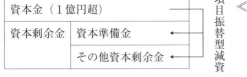

資本金（1億円超）	
資本剰余金	資本準備金
	その他資本剰余金

項目振替型減資

≪外形標準課税の判断基準≫
【改正前】資本金
【改正後】資本金＋資本剰余金
　　　　　　（10億円超）

Q3　適用関係

　Q2における法人事業税の外形標準課税の減資への対応の適用関係について教えて下さい。

> **POINT**
>
> 令和7年4月1日から施行されます。

 　Q2の改正は、令和7年4月1日に施行され、同日以後に開始する事業年度から適用されます（令和6年改正地法附則8の3の3）。

Q4　100％子法人等への対応

　外形標準課税の対象法人数の減少の要因として、持株会社化・分社化の際に、外形標準課税の対象範囲が実質的に縮小する事例も生じています。この事例の中には、子会社の資本金を1億円以下に設定しつつ、親会社の信用力を背景に大規模な事業活動を行っている企業グループの事例もあり、こうした組織再編による対象範囲の縮小は、法人税改革の趣旨及び地方税収の安定化・税負担の公平性といった制度導入の趣旨を損なう恐れがあり、問題視されていました。

　令和6年度税制改正では、大企業の100％子法人や外形標準課税逃れを企画した組織再編への対応が行われるそうですが、その内容について教えて下さい。

> **POINT**
>
> 　資本金と資本剰余金の合計額が50億円を超える法人等の100％子法人等のうち、資本金1億円以下であっても、資本金と資本剰余金の合計額が2億円を超えるものは、原則として外形標準課税の対象とされます。
>
> 　また、産業競争力強化法の認定を受けた事業者がM&Aを通じて買収した100％子法人等については、5年間外形標準課税の対象外とされます。

 　資本金と資本剰余金の合計額が50億円を超える法人（その法人が非課税又は所得割のみで課税される法人等である場合を除きます。）又は相互会社・外国相互会社（以下「特定法人」といいます。）の100％子法

人等のうち、その事業年度末日の資本金が１億円以下で、資本金と資本剰余金の合計額（公布日以後に、その100％子法人等がその100％親法人等に対して資本剰余金から配当を行った場合においては、その配当に相当する額を加算した金額）が２億円を超えるものは、外形標準課税の対象とされます。また、この改正により、新たに外形標準課税の対象となる法人については、外形標準課税の対象となったことにより、従来の課税方式で計算した税額を超えることとなる額のうち、次に定める額を、その事業年度に係る法人事業税額から控除することができます（地法72の２①ロ（２））。

①　令和８年４月１日から令和９年３月31日までの間に開始する事業年度
　　…その超える額に３分の２の割合を乗じた額
②　令和９年４月１日から令和10年３月31日までの間に開始する事業年度
　　…その超える額に３分の１の割合を乗じた額

　また、令和９年３月31日までの間に産業競争力強化法の特別事業再編計画の認定を受けた認定特別事業再編事業者が、その認定を受けた計画に従って行う一定の特別事業再編のための措置として他の法人の株式等の取得、株式交付又は株式交換を通じてその他の法人を買収し、その買収（一定のものに限ります。）の日以降も引き続き株式等を有している場合には、その他の法人（その認定特別事業再編事業者がその計画の認定を受ける前５年以内に買収した法人を含みます。以下「他の法人等」といいます。）が行う事業に対する法人事業税については、その買収の日の属する事業年度からその買収の日以後５年を経過する日の属する事業年度までの各事業年度においては、外形標準課税の対象外とされます。ただし、その他の法人等が、現行基準（資本金１億円超）又はＱ２に掲げる減資への対応により外形標準課税の対象である場合は、特例措置の対象から除外されます（令和６年改正地法附則８の３の４）。

＜図表Ｖ－12＞　100％子法人等への対応

| 親法人：外形標準課税の適用有 資本金＋資本剰余金が50億円超 |
| 持株比率100％ |
| 子法人：資本金１億円以下 |

≪外形標準課税の判断基準≫
【改正前】資本金
【改正後】資本金＋資本剰余金（２億円超）

Q5 100％子法人等の定義

Q4における100％子法人等の定義について教えて下さい。

POINT

　特定法人との間にその特定法人による完全支配関係がある法人等とされます。

　　「100％子法人等」とは、特定法人との間にその特定法人による法人税法に規定する完全支配関係がある法人及び100％グループ内の複数の特定法人に発行済株式等の全部を保有されている法人とされます。

Q6 適用関係

Q4における法人事業税の外形標準課税の100％子会社等への対応の適用関係について教えて下さい。

POINT

　令和8年4月1日から施行されます。

　　Q4の改正は、令和8年4月1日に施行され、同日以後に開始する事業年度から適用されます（令和6年改正地法附則8の3の4）。

Q7 特別償却制度との対応

外形標準課税の見直しに伴う特別償却制度の対応について教えて下さい。

> **POINT**
>
> 　特別償却制度が法人住民税及び法人事業税に適用され、特別税額控除制度が中小企業者等に係る法人住民税に適用することとされます。

A　　Q2及びQ4における外形標準課税の見直しに伴い、特別償却制度が法人住民税及び法人事業税に適用されることとなります。また、特別税額控除制度が中小企業者等に係る法人住民税に適用されることとなります。

5　戦略分野国内生産促進税制の創設

 制度の概要

　米国のIRA法（50兆円規模の投資促進策）、CHIPS法及び欧州のグリーン・ディール産業計画をはじめ、世界では戦略分野への投資を自国内に誘導する産業政策が活発化しています。

　令和６年度税制改正では、戦略分野のうち特に生産段階でのコストが高い事業の国内投資を拡大し、賃金を引き上げ、地域を含めて需要を喚起し、持続的な経済成長に繋げていくとの観点から、過去に例のない新たな投資促進策として戦略分野国内生産促進税制が創設されたそうですが、その内容について教えて下さい。

POINT

　対象物資ごとに生産・販売量に応じた税額控除措置とされ、法人税額の最大40％が控除可能とされます。また、産業競争力強化法に基づく事業計画の認定から10年間の措置期間とされ、控除しきれなかった金額は最大４年間の繰越期間とされます。

A　　青色申告書を提出する法人で、産業競争力強化法の改正法の施行の日から令和９年３月31日までの間にされた同法の事業適応計画の認定に係る認定事業適応事業者（その事業適応計画にその計画に従って行うエネルギー利用環境負荷低減事業適応のための措置として同法の産業競争力基盤強化商品の生産及び販売を行う旨の記載があるものに限ります。）であるものが、その事業適応計画に記載された産業競争力基盤強化商品の生産をするための設備の新設又は増設をする場合において、その新設又は増設に係る機械その他の減価償却資産（以下「産業競争力基盤強化商品生産用資産」といいます。）の取得等をして、国内にある事業の用に供したときは、その認定の日以後10年以内（以下「対象期間」といいます。）の日を含む各事業年度において、その産業競争力基盤強化商品生産用資産により生産された産業競

争力基盤強化商品のうちその事業年度の対象期間において販売されたものの数量等に応じた金額とその産業競争力基盤強化商品生産用資産の取得価額を基礎とした金額（既に本制度の税額控除の対象となった金額を除きます。）とのうちいずれか少ない金額の特別税額控除ができます。

　ただし、特別控除税額は、「事業適応設備を取得した場合の税額控除制度（デジタルトランスフォーメーション投資促進税制）（措法42の12の7②）」による特別控除税額及び「生産工程効率化等設備等を取得した場合の税額控除制度（カーボンニュートラル投資促進）（措法42の12の7②）」による特別控除税額との合計で当期の法人税額の40％（半導体生産用資産にあっては、20％）が上限とされます（措法42の12の7⑦⑩）。

　また、控除限度超過額は4年間（半導体生産用資産にあっては、3年間）の繰越しができることとされます（措法42の12の7⑧⑨⑪⑫）。

　なお、半導体生産用資産に係る控除税額を除き、本制度による控除税額は、地方法人税の課税標準となる法人税額から控除できません（地法23①四・292①四）。

Q₂ 産業競争力基盤強化商品の定義

Q1における「産業競争力基盤強化商品」の定義について教えて下さい。

POINT

　電気自動車、グリーンスチール、グリーンケミカル、持続可能な航空燃料（SAF）、半導体（マイコン・アナログ）等を対象として生産・販売量に応じた物資を産業競争力強化法で規定されています。

A　「産業競争力基盤強化商品」とは、＜図表V−13＞に掲げる商品とされ、数量等に応じた金額とは、＜図表V−13＞に掲げる産業競争力基盤強化商品の区分に応じ、それぞれに掲げる金額とされます。

　ただし、その産業競争力基盤強化商品生産用資産を事業の用に供した日（以下「供用日」といいます。）以後7年を経過する日の翌日からその供用日以後

８年を経過する日までの期間内に販売された産業競争力基盤強化商品にあっ
ては、＜図表Ｖ－13＞に掲げる金額の75％相当額とされ、その供用日以後８
年を経過する日の翌日からその供用日以後９年を経過する日までの期間内に
販売された産業競争力基盤強化商品にあっては、＜図表Ｖ－13＞に掲げる金
額の50％相当額とされ、その供用日以後９年を経過する日の翌日以後に販売
された産業競争力基盤強化商品にあっては、＜図表Ｖ－13＞に掲げる金額の
25％相当額とされます。

＜図表Ｖ－13＞　対象物資ごとの単位当たり控除額

対象物資		控除額	対象物資		控除額
電気自動車等	EV-FCV	40万円／台	マイコン	28～45nm相当	16,000円／枚
	軽EV-PHEV	20万円／台		45～65nm相当	13,000円／枚
グリーンスチール		２万円／トン		65～90nm相当	11,000円／枚
グリーンケミカル		５万円／トン		90nm以上	7,000円／枚
持続可能な航空燃料（SAF）		30円／リットル	アナログ（パワーを含みます）	パワー（Si）	6,000円／枚
				パワー（SiC、GaN）	29,000円／枚
				イメージセンサー	18,000円／枚
				その他	4,000円／枚

(注)　競争力強化が見込まれる後半年度には、税額控除額が段階的（生産開始時から８年目に75％、９年目に50％、10年目に25％に低減）に引き下げられます。
(注)　半導体は１枚（直径200mmウエハ換算）とされます。

Q3 産業競争力基盤強化商品生産用資産の取得価額を基礎とした金額の定義

　Q1における「産業競争力基盤強化商品生産用資産の取得価額を基礎とした金額」の定義について教えて下さい。

POINT

　減価償却資産に係る投資額の合計額として事業適応計画に記載された金額とされます。

A　「産業競争力基盤強化商品生産用資産の取得価額を基礎とした金額」とは、その産業競争力基盤強化商品生産用資産及びこれとともにその産業競争力基盤強化商品を生産するために直接又は間接に使用する減価償却資産に係る投資額の合計額として事業適応計画に記載された金額とされます。

Q4 適用除外

　収益が拡大しているにも関わらず、賃上げ及び設備投資に積極的でない企業に対しキャッシュアウトを促すため、戦略分野国内生産促進税制が適用除外となるケースがあるそうですが、その内容について教えて下さい。

POINT

　所得金額要件、賃上げ要件及び設備投資要件の全てに該当する場合には、特定税額控除の規定が適用できないこととされます。

A　法人が、戦略分野国内生産促進税制（繰越税額控除制度を除きます。）の適用を受けようとする場合において、次の①から③の全ての要件を満たすときは、その事業年度については、特定税額控除の規定が適用

できないこととされます。
① 所得金額要件
　対象年度の所得の金額が前年度の所得の金額を上回ること。
② 賃上げ要件
　継続雇用者給与等支給額の継続雇用者比較給与等支給額に対する増加割合が1％以上であること。
③ 設備投資要件
　国内設備投資額が減価償却費の総額の40％を超えること。

Q5 適用関係

　Q1からQ4における戦略分野国内生産促進税制創設の適用関係について教えて下さい。

POINT

　産業競争力強化法の改正法の施行の日以後に取得等する生産工程効率化等設備について適用されます。

A　Q1からQ4の改正は、法人が令和6年4月1日以後に取得又は製作若しくは建設をする半導体生産用資産又は特定商品生産用資産について適用されます（令和6年改正法附則44②）。

　なお、Q1からQ4の改正に伴い、税額控除制度を法人住民税に適用しないこととされます。

6　イノベーションボックス税制の創設

Q 1　制度の概要

　利益の源泉たるイノベーションについても国際競争が激化する中、研究開発拠点としての立地競争力を強化する観点から、国内で自ら研究開発した知的財産権（特許権、AI関連のプログラムの著作権）から生ずるライセンス所得及び譲渡所得に対して優遇されるイノベーションボックス税制が創設されたそうですが、その内容について教えて下さい。

> **POINT**
>
> 　国内で自ら研究開発した知的財産権の国内への譲渡所得又は国内外からのライセンス所得を対象に30％の所得控除ができます。
> 　これにより、対象所得については、法人税率約7％相当の税制優遇（法人実効税率ベースで見ると現在の29.74％から約20％相当まで引き下がる税制優遇）が行われることとされます。

A　青色申告書を提出する法人が、令和7年4月1日から令和14年3月31日までの間に開始する各事業年度において居住者若しくは内国法人（関連者であるものを除きます。）に対する特定特許権等の譲渡又は他の者（関連者であるものを除きます。）に対する特定特許権等の貸付け（以下「特許権譲渡等取引」といいます。）を行った場合には、次の①②に掲げる金額のうちいずれか少ない金額の30％相当額は、その事業年度において損金算入できます（措法59の3①）。

　なお、イノベーションボックス税制と一部目的が重複する研究開発税制については、試験研究費が減少した場合の控除率の引下げを行うことにより、投資を増加させるインセンティブをさらに強化するためのメリハリ付け（研究開発費が減少している場合の控除率を令和8年度、令和11年度及び令和13年度の3段階で実施）が行われます。

①　その事業年度において行った特許権譲渡等取引ごとに、次のイの金額に

次のロの金額のうちに次のハの金額の占める割合を乗じた金額を合計した金額

イ　その特許権譲渡等取引に係る所得の金額

ロ　当期及び前期以前（令和7年4月1日以後に開始する事業年度に限ります。）において生じた研究開発費の額のうち、その特許権譲渡等取引に係る特定特許権等に直接関連する研究開発に係る金額の合計額

ハ　上記ロの金額に含まれる適格研究開発費の額の合計額

② 当期の所得の金額

〔算式〕

$$上記①イロに掲げるの金額 \times \frac{上記①ハに掲げるの金額}{上記①ロに掲げるの金額} \times 30\% = 所得控除額$$

（注）令和9年4月1日前に開始する事業年度において、当期において行った特許権譲渡等取引に係る特定特許権等のうちに令和7年4月1日以後最初に開始する事業年度開始の日前に開始した研究開発に直接関連するものがある場合には、上記①の金額は、次の（イ）の金額に次の（ロ）の金額のうちに次の（ハ）の金額の占める割合を乗じた金額とされます。

（イ）当期において行った特許権譲渡等取引に係る所得の金額の合計額

（ロ）当期、前期及び前々期において生じた研究開発費の額の合計額

（ハ）上記（ロ）の金額に含まれる適格研究開発費の額の合計額

Q2 用語の定義

Q1における用語の定義について教えて下さい。

POINT

　関連者、特定特許権等、特定特許権等の貸付け、研究開発費の額及び適格研究開発費の額の定義を解説します。

A　Q1における用語の定義は、次に掲げるとおりとされます（措法59の3②）。

① 「関連者」は、移転価格税制における関連者と同様の基準により判定します。

② 「特定特許権等」とは、令和6年4月1日以後に取得又は製作をした特許権及び人工知能関連技術を活用したプログラムの著作権で、一定のものとされます。

③ 「特定特許権等の貸付け」には、特定特許権等に係る権利の設定その他他の者に特定特許権等を使用させる行為が含まれます。

④ 「研究開発費の額」とは、研究開発費等に係る会計基準における研究開発費の額に一定の調整を加えた金額とされます。

⑤ 「適格研究開発費の額」とは、研究開発費の額のうち、特定特許権等の取得費及び支払ライセンス料、国外関連者に対する委託試験研究費並びに国外事業所等を通じて行う事業に係る研究開発費の額以外のものとされます。

Q3 手続規定

イノベーションボックス税制の手続規定について教えて下さい。

POINT

法人が関連者に対して支払う特定特許権等の取得費又はライセンス料が独立企業間価格に満たない場合には、独立企業間価格によることとされ、一定の書類を作成することとされます。

A イノベーションボックス税制の適用において、法人が関連者に対して支払う特定特許権等の取得費又はライセンス料が独立企業間価格に満たない場合には、独立企業間価格によることとされます（措法59の3④〜⑥）。国内の関連者に対してこれらの費用を支払う場合には、一定の書類を作成し、税務当局からの求めがあった場合には遅滞なく提示又は提出しなければならないこととされます（措法59の3⑦⑨）。

また、更正期限を延長する特例、同業者に対する質問検査権、書類の提示又は提出がない場合の推定課税の規定が作成されます（措法59の3⑩〜⑲）。

なお、イノベーションボックス税制の対象範囲については、制度の執行状

況や効果を十分に検証した上で、国際ルールとの整合性、官民の事務負担の検証、立証責任の所在等諸外国との違いや体制面を含めた税務当局の執行可能性等の観点から、財源確保の状況も踏まえ、状況に応じ、今後見直しが検討されます。

 適用関係

Ｑ１からＱ３におけるイノベーションボックス税制の適用関係について教えて下さい。

POINT

令和７年４月１日から適用されます。

A　　Ｑ１からＱ３の改正は、令和７年４月１日から適用されます（令和６年度改正法附則１五）。なお、法人住民税及び法人事業税も同様とされます。

7　試験研究を行った場合の税額控除制度（研究開発税制）の見直し

Q₁　改正前の試験研究費の範囲

　試験研究を行った場合の税額控除制度（研究開発税制）における制度の対象とされる試験研究費の改正前の範囲について教えて下さい。

POINT

　試験研究費の額とは、その事業年度において税務上損金の額に算入された試験研究に係る費用とされています。したがって、試験研究用の固定資産を購入した場合には、その購入額ではなく、その固定資産につき確定した決算において減価償却費として損金経理した金額（損金の額に算入された金額に限ります。）が税額控除の対象とされます。

A　試験研究を行った場合の税額控除制度（研究開発税制）について、制度の対象となる試験研究費の額は、次の①及び②に掲げる金額の合計額（その金額に係る費用に充てるため他の者から支払を受ける金額がある場合には、その金額を控除した金額）とされます（措法42の4⑲一、措令27の4⑤〜⑦、措規20①②）。

①　次に掲げる費用の額（売上原価等の原価の額を除きます。）で各事業年度の所得の金額の計算上損金の額に算入されるもの

　イ　製品の製造または技術の改良、考案もしくは発明に係る試験研究（新たな知見を得るためまたは利用可能な知見の新たな応用を考案するために行うものに限ります。）のために要する費用（研究開発費として損金経理をした金額のうち、下記②の固定資産又は繰延資産の償却費、除却による損失及び譲渡による損失の額を除きます。）で次に掲げるもの

　　（イ）　その試験研究を行うために要する原材料費、人件費（専門的知識をもってその試験研究の業務に専ら従事する者に係るものに限ります。）及び経費

（ロ）　他の者に委託をして試験研究を行う法人（人格のない社団等を含みます。）のその試験研究のためにその委託を受けた者に対して支払う費用

（ハ）　技術研究組合法第９条第１項の規定により賦課される費用

ロ　対価を得て提供する新たな役務の開発に係る試験研究（以下「新サービス研究」といいます。）として次に掲げるもののすべてが行われる場合のその試験研究のために要する一定の費用（注１）

（イ）　大量の情報を収集する機能を有し、その機能の全部、主要な部分が自動化されている機器又は技術を用いて行われる情報の収集

（ロ）　その収集により蓄積された情報について、一定の法則を発見するために、情報解析専門家（注２）により専ら情報の解析を行う機能を有するソフトウェア（これに準ずるソフトウェアを含みます。）を用いて行われる分析

（ハ）　その分析により発見された法則を利用した新サービスの設計

（ニ）　その発見された法則が予測と結果の一致度が高い等妥当であると認められるものであること及びその発見された法則を利用した新サービスがその目的に照らして適当であると認められるものであることの確認

　　（注１）　上記の「一定の費用」とは、次の費用とされます。

　　　　　　a　その試験研究を行うために要する原材料費、人件費（情報解析専門家でその試験研究の業務に専ら従事する者に係るものに限ります。）及び経費（外注費にあっては、これらの原材料費および人件費に相当する部分並びにその試験研究を行うために要する経費に相当する部分（外注費に相当する部分を除きます。）に限ります。）

　　　　　　b　他の者に委託をして試験研究を行うその法人のその試験研究のためにその委託を受けた者に対して支払う費用（上記aの原材料費、人件費及び経費に相当する部分に限ります。）

　　（注２）　情報解析専門家とは、情報の解析に必要な確率論および統計学に関する知識並びに情報処理に関して必要な知識を有すると認められる者とされます。

② 　上記①イ又はロに掲げる費用の額で各事業年度において研究開発費として損金経理をした金額のうち、棚卸資産若しくは固定資産（事業の用に供する時において試験研究の用に供する固定資産を除きます。）の取得に要した金額とされるべき費用の額又は繰延資産（試験研究のために支出した費用に係る繰延資産を除きます。）となる費用の額

Q2　試験研究費の範囲の見直し

研究開発税制について、財源確保の観点から制度の対象とされる試験研究費の額が整理されたそうですが、その内容について教えて下さい。

POINT

海外委託研究又は海外支店の研究開発費が除外されます。

A 　試験研究を行った場合の税額控除制度（研究開発税制）について、制度の対象となる試験研究費の額から、内国法人の国外事業所等を通じて行う事業に係る試験研究費の額が除外されます（措法42の4⑲一）。

なお、所得税についても同様とされます（措法10⑧一）。

Q3　適用関係

Q2における試験研究費の範囲の見直しの適用関係について教えて下さい。

POINT

令和7年4月1日以後に開始する事業年度から適用されます。

Q2の改正は、法人の令和7年4月1日以後に開始する事業年度の所得に対する法人税について適用され、令和7年4月1日前に開始した事業年度の所得に対する法人税については、なお従前の例によります（令和6年改正法附則39③）。

　また、個人については令和8年分以後の所得税について適用され、令和7年分以前の所得税については、なお従前の例によります（令和6年改正法附則22②）。

　なお、Q2の改正に伴い、税額控除制度を中小企業者等に係る法人住民税に適用することとされます。

Q4　一般型の税額控除率及び経過措置の現行制度の概要

　研究開発投資は、社会課題解決の推進力となるイノベーションの源泉であり、高い外部効果を有することが期待されていますが、不確実性も伴います。米国や中国の企業が研究開発投資を大きく伸ばす中、わが国企業の研究開発投資は近年伸び悩んでおり、国際競争力の維持向上のためにも、その増加を促す必要があります。

　令和5年度税制改正では、民間の研究開発投資の維持・拡大を促し、メリハリの利いたインセンティブを強化させる観点から、一般型の税額控除率カーブが見直されましたが、その見直し後の一般型の税額控除率及び経過措置の概要について教えて下さい。

POINT

　試験研究費の増加率に応じたメリットをより高めるため、税額控除率カーブが見直されるとともに、税額控除率の下限が1％に引き下げられました。

　　　試験研究費の一般型に係る税額控除制度は、次のとおりとされます（措法42の4）。

1　原　則

　税額控除率が、次に掲げる場合の区分に応じそれぞれ次に定める割合（10％上限）とされます（措法42の4①②）。

　なお、所得税についても同様とされます（措法10①②）。

①　②に掲げる場合以外の場合

　11.5％から、12％から増減試験研究費割合を減算した割合に0.25を乗じて計算した割合を減算した割合（1％下限）

②　その事業年度が設立事業年度である場合又は比較試験研究費の額が零である場合　8.5％

2　経過措置

　令和3年4月1日から令和8年3月31日までに開始する各事業年度については、上記1にかかわらず、税額控除率が、次に掲げる場合の区分に応じそれぞれ次に定める割合とされ、その税額控除率（税額控除率の上限の特例の適用がある場合にはその適用後）の上限が14％とされます。

①　増減試験研究費割合が12％を超える場合

　11.5％に、その増減試験研究費割合から12％を控除した割合に0.375を乗じて計算した割合を加算した割合

②　増減試験研究費割合が12％以下である場合

　11.5％から、12％からその増減試験研究費割合を減算した割合に0.25を乗じて計算した割合を減算した割合（1％下限）

③　その事業年度が設立事業年度である場合又は比較試験研究費の額が零である場合　8.5％

3　中小企業技術基盤強化税制

　増減試験研究費割合が12％を超える場合の措置は、次のとおりとされます（措法42の4④⑤⑥）。

①　税額控除率に、その増減試験研究費割合から12％を控除した割合に0.375を乗じて計算した割合を加算します。

②　控除上限額に当期の税額の10％相当額が加算されます。

税額控除限度額の現行制度の概要

　令和３年度税制改正では、研究開発投資を増額していくインセンティブが
維持されるように、コロナ禍により基準年度と比べ売上が２％以上減少した
にもかかわらず、研究開発投資を増加させた企業については、税額控除限度
額の上限が５％上乗せできるコロナ特例制度が導入されました。

　令和５年度税制改正では、税額控除額が上限に達した企業に対してもイン
センティブが機能することを期待し、一律に設定されている控除上限を変動
させる新たな仕組みが導入されたそうですが、その見直し後の制度の概要に
ついて教えて下さい。

```
POINT
```

　　売上試験研究費割合が10％超の場合には、通常の税額控除額の上限
　（25％）に試験研究費の増減率に応じて税額控除額の上限も変動させる
　変動型特例と選択制度が創設されます。

　　　　試験研究費の一般型に係る税額控除制度における税額控除限度額
　　　　の上限は、次に掲げるとおりとされます（措法42の４③二）。

1　変動型特例

　令和５年４月１日から令和８年３月31日までの間に開始する各事業年度
（設立事業年度及び比較試験研究費の額が零である事業年度を除きます。）
の場合の税額控除限度額の上限について、増減試験研究費割合が４％を超
える部分１％当たり当期の法人税額の0.625％（５％上限）を加算し、増減
試験研究費割合がマイナス４％を下回る部分１％当たり当期の法人税額の
0.625％（５％上限）が減算されます。

2　選択適用制度（試験研究費の額が平均売上金額の10％超の場合）

　試験研究費の額が平均売上金額の10％を超えるときには、上記１に掲げ
る変動型特例と「税額控除限度額の上限の上乗せ特例（措法42の４②③⑥）」
とのうち税額控除限度額の上限が大きくなる方の特例が選択適用できま
す。

一般型の試験研究費の額に係る税額控除制度の見直し

　一般型の試験研究費の額に係る税額控除制度が見直されるそうですが、その内容について教えて下さい。

POINT

　令和8年4月1日以後に開始する事業年度で増減試験研究費割合が零に満たない事業年度につき、税額控除率が見直されます。

A　　　一般型の試験研究費の額に係る特別税額控除制度について、令和8年4月1日以後に開始する事業年度で増減試験研究費割合が零に満たない事業年度につき、税額控除率を次のとおり見直すこととされます。また、税額控除率の下限（改正前：1%）が撤廃されます（措法42の4①一・二）。

　なお、所得税についても同様とされます（措法10①一・二）。

① 　令和8年4月1日から令和11年3月31日までの間に開始する事業年度

　8.5%＋増減試験研究費割合×30分の8.5

② 　令和11年4月1日から令和13年3月31日までの間に開始する事業年度

　8.5%＋増減試験研究費割合×27.5分の8.5

③ 　令和13年4月1日以後に開始する事業年度

　8.5%＋増減試験研究費割合×25分の8.5

　(注) 　「増減試験研究費割合」とは、次の算式で計算した割合とされます（措法42の4⑧四）。

$$増減試験研究費割合 = \frac{試験研究費の額 - 比較試験研究費の額}{比較試験研究費の額}$$

Q7 適用関係

Q6に掲げる研究開発税制の見直しの適用関係について教えて下さい。

POINT

令和8年4月1日以後に開始する事業年度から適用されます。

A　　Q6の改正は、法人の令和8年4月1日以後に開始する事業年度の所得に対する法人税について適用され、令和8年4月1日前に開始した事業年度の所得に対する法人税については、なお従前の例によります（令和6年度改正法附則39）。

また、個人については令和9年分以後の所得税について適用され、令和8年分以前所得税については、なお従前の例によります（令和6年度改正法附則22①）。

8　暗号資産の保有に係る期末時価評価課税

 暗号資産の評価方法等の現行制度の概要

　内国法人が有する暗号資産については、税務上期末に時価評価し、評価損益は課税対象とされています。このため、多くの暗号資産の発行会社（スタートアップ企業等）においては、多額の納税の発生により手元資金が枯渇し、日本での起業が困難となり、ブロックチェーン関連企業の海外流出が進んでいるという問題点が生じていました。

　令和5年度税制改正では、ブロックチェーン技術の海外流出を防止する観点から、自己発行暗号資産の評価方法等が見直されましたが、その制度の概要について教えて下さい。

```
POINT
```
　　自己が発行した暗号資産でその発行の時から継続して保有するもののうち、一定の要件を満たすもの（いわゆる自己発行暗号資産）については、期末時価評価課税の対象外とされます。

A　　法人が事業年度末において有する暗号資産のうち時価評価により評価損益を計上するものの範囲から、次の要件に該当する自己発行暗号資産が除外されます（法法61②、法令118の7②、法規26の10）。

　なお、所得税も同様とされます（所法48の2①）。

① 　自己が発行した暗号資産でその発行の時から継続して保有しているものであること。

② 　その暗号資産の発行の時から継続して次のいずれかにより譲渡制限が行われているものであること。

　イ　他の者に移転することができないようにする技術的措置がとられていること。

　ロ　一定の要件を満たす信託の信託財産としていること。

暗号資産の期末評価方法の見直し

　内国法人が有する暗号資産（一定の自己発行の暗号資産を除きます。）のうち、活発な市場が存在するものについては、期末に時価評価され、キャッシュフローを伴わない未実現の損益が課税対象とされています。

　令和6年度税制改正では、Web3推進に向けた環境整備を図る観点から、発行者以外の第三者の継続的な保有等に係る暗号資産の期末時価評価課税に係る見直しが行われたそうですが、その内容について教えて下さい。

POINT

　法人が有する市場暗号資産に該当する暗号資産で譲渡についての制限その他の条件が付されている暗号資産の期末における評価額は、次のいずれかの評価方法のうちその法人が選定した評価方法（自己の発行する暗号資産でその発行の時から継続して保有するものにあっては、次の①の評価方法）により計算した金額とされます。
①　原価法
②　時価法

A　暗号資産の譲渡損益及び時価評価損益について、法人が事業年度終了の時において有する市場暗号資産に該当する暗号資産のうち譲渡についての制限その他の条件が付されている暗号資産であってその条件が付されていることにつき適切に公表されるための手続が行われている一定のもの（以下「特定譲渡制限付暗号資産」といいます。）のその時における評価額は、時価法又は原価法のうちその法人が選定した方法（その法人が発行し、かつ、その発行の時から継続して有する特定譲渡制限付暗号資産にあっては、原価法）により評価した金額とされます（法法61②）。

Q3 特定譲渡制限付暗号資産の範囲

　Q2における「譲渡についての制限その他の条件が付されている暗号資産」の範囲について教えて下さい。

POINT

　資金調達のために売却できないように譲渡制限等の一定の要件を満たすものとされます。

A　「譲渡についての制限その他の条件が付されている暗号資産」とは、次に掲げる要件に該当する暗号資産とされます(法令118の5②)。

① 他の者に移転できないようにする技術的措置がとられていること等その暗号資産の譲渡についての一定の制限が付されていること。

② 上記①の制限が付されていることを認定資金決済事業者協会において公表させるため、その暗号資産を有する者等が上記①の制限が付されている旨の暗号資産交換業者に対する通知等をしていること。

Q4 手続規定

　Q2における第三者の継続的な保有等に係る暗号資産の期末時価評価課税に係る見直しの手続規定について教えて下さい。

POINT

　暗号資産を取得した日の属する事業年度に係る確定申告書の提出期限までに所轄税務署長に届出します。

A　Q2の評価方法は、譲渡についての制限その他の条件が付されている暗号資産の種類ごとに選定し、その暗号資産を取得した日の属する事業年度に係る確定申告書の提出期限までに納税地の所轄税務署長に届

け出なければならないこととされます（法令118の9①）。

　なお、評価方法を選定しなかった場合には、原価法により計算した金額を
その暗号資産の期末における評価額とされます。

Ｑ5　適用関係

　Ｑ2からＱ4に掲げる暗号資産の評価方法等の見直しの適用関係について
教えて下さい。

POINT

　令和6年4月1日以後に開始する事業年度から適用されます。

A　　Ｑ2の改正は、法人の令和6年4月1日以後に終了する事業年度
の所得に対する法人税について適用され、同日前に終了した事業年
度の所得に対する法人税については、なお従前の例によります（令和6年改正
法附則9①、令和6年改正法令附則6①）。

　なお、経過措置として、「特定自己発行暗号資産（令和5年改正法附則12②）
に該当するものとみなされた暗号資産（法法61①）」についての令和6年4月
1日以後に終了する各事業年度におけるＱ2の適用については、その暗号資
産（令和5年改正法附則第12条第2項の法人が発行し、かつ、同項に規定す
る改正事業年度終了の時から継続して有する暗号資産であってその時から継
続して譲渡についての制限その他の条件が付されている「時価評価をする暗
号資産の範囲（法令118の3①三）」に掲げる要件のいずれかに該当する暗号資
産に限ります。）は、特定自己発行暗号資産（法法61②一ロ）に該当するものと
みなされます（令和6年改正法附則9②、令和6年改正法令附則6③）。

9　交際費等の損金不算入制度の見直し

 改正前制度の概要

改正前の交際費等の損金不算入制度の概要について教えて下さい。

> **POINT**
>
> 　支出交際費等は、原則としてその全額が損金不算入とされます。ただ
> し、例外として接待飲食費に係る損金算入の特例及び中小法人に係る損
> 金算入の特例として損金算入が可能な取扱いが認められています。

 交際費等の損金不算入制度は、次のとおりとされています。

1　原　　則

　法人が平成26年4月1日から令和6年3月31日までの間に開始する各事業年度（以下「適用年度」といいます。）において支出する交際費等の額（以下「支出交際費等の額」といいます。）については、原則としてその全額が適用年度の損金の額に算入できません（措法61の4①）。

2　接待飲食費に係る損金算入の特例

　適用年度終了の日における資本金の額又は出資金の額（資本又は出資を有しない法人公益法人等、人格のない社団等、外国法人及び受託法人にあっては、それぞれ資本金の額又は出資金の額に準ずる金額。以下同じ）が100億円以下である法人の支出交際費等の額のうち接待飲食費の額の50％相当額を超える部分の金額は、適用年度の損金の額に算入できません（措法61の4①、措令37の4）。

3　中小法人に係る損金算入の特例

　適用年度終了の日における資本金の額又は出資金の額が1億円以下である普通法人その他一定の法人（以下「中小法人」といいます。）については、定額控除限度額（年800万円）の支出交際費等の額は、その全額が損金の額とすることができます（措法61の4①②）。

4　中小法人に係る選択適用

　中小法人の交際費等の損金算入額の計算については、支出交際費等の額のうち、「中小法人に係る損金算入の特例」と「接待飲食費に係る損金算入の特例」のどちらか有利な方を選択適用することが可能とされています（措法61の4②）。

＜図表Ⅴ－14＞　損金算入が可能な支出交際費等の額の取扱い

区　　　分			損 金 算 入 が 可 能 な 取 扱 い
中小法人	支出交際費等の額が年800万円以下		全　　　額
	支出交際費等の額が年800万円超	選　　　択	中小法人に係る損金算入の特例
			接待飲食費に係る損金算入の特例
中小法人以外の法人	資本金等の額	100億円以下	接待飲食費に係る損金算入の特例
		100億円超	――――

（注）　「接待飲食費の額」は、専らその法人の役員、従業員等に対する接待等のために支出する費用（いわゆる社内接待費）は含まれません（措法61の4⑥、措規21の18の4）。

Q2 飲食等に係る金額基準の拡充

　交際費等の損金不算入制度のうち、損金不算入となる交際費等の範囲から除外される一定の飲食費に係る金額基準が拡充されたそうですが、その内容について教えて下さい。

POINT

　損金不算入となる交際費等の範囲から除外される一定の飲食費に係る金額基準が1人当たり1万円以下（改正前：5,000円以下）に引き上げられます。

A 飲食等のために要する費用（社内飲食費を除きます。）であって、1人当たり1万円以下（改正前：5,000円以下）の費用（一定の事項を記載した書類を保存している場合に限ります。）は、支出交際費等に該当しない費用として取り扱われます（措法61の4⑥三、措令37の5①、措規21の18の4）。

〔保存書類の記載例〕

飲食代－××・△△△△・×××××他○名

<small>飲食店名　　相手先参加者氏名　　自社参加者氏名</small>

Q3　適用期限の延長

交際費等の損金不算入制度の適用期限の延長について教えて下さい。

> **POINT**
>
> 適用期限が3年延長されます。

A 交際費等の損金不算入制度について、Q2の見直しが行われた上、その適用期限が令和9年3月31日（改正前：令和6年3月31日）まで3年延長されます（措法61の4①）。

また、接待飲食費に係る損金算入の特例及び中小法人に係る損金算入の特例の適用期限が令和9年3月31日（改正前：令和6年3月31日）まで3年延長されます（措法61の4①②）。

Q4　適用関係

接待飲食費に係る損金算入の特例の対象法人が縮小される規定の適用関係について教えて下さい。

┌─ **POINT** ─────────────────────────────────────┐

令和6年4月1日以後に開始する事業年度から適用されます。

└──┘

A　　Q2及びQ3の改正は、法人の令和6年4月1日以後に開始する事業年度の所得に対する法人税について適用され、同日前に開始した事業年度の所得に対する法人税については、なお従前の例によります（令和6年改正法附則38）。

　Q2の改正は、法人が令和6年4月1日以後に支出する飲食費について適用され、法人が令和6年4月1日前に支出した飲食費については、なお従前の例によります（令和6年改正措令附則16）。

10　中小企業者等の少額減価償却資産の取得価額の損金算入の特例の見直し

Q₁　改正前制度の概要

　改正前の中小企業者等の少額減価償却資産の取得価額の損金算入の特例制度の概要について教えて下さい。

> **POINT**
>
> 　中小企業者等が取得価額30万円未満の減価償却資産を取得した場合には、合計300万円までを限度として、即時償却（全額損金算入）することが可能とされます。

A　青色申告書を提出する中小企業者等（事務負担に配慮する必要があるものとして常時使用する従業員の数が500人以下の法人に限ります。）が、平成18年4月1日から令和6年3月31日までの間に取得等し、かつ、事業の用に供した減価償却資産で、その取得価額が30万円未満であるもの（以下「中小企業者等の少額減価償却資産」といいます。）を有する場合において、その中小企業者等の少額減価償却資産の取得価額相当額を事業の用に供した日を含む事業年度において損金経理をしたときは、その損金経理をした金額は、その事業年度の所得の金額の計算上、損金の額に算入されます。

　ただし、その事業年度に取得等をした中小企業者等の少額減価償却資産の取得価額の合計額が300万円を超える場合には、その超える部分に係る減価償却資産は対象から除外されます（措法67の5、措令39の28）。

　なお、所得税も同様とされます（措法28の2）。

＜図表Ⅴ－15＞　少額減価償却資産等を取得した場合の優遇規定（改正前）

区　　　分	適　用　要　件		損金算入限度額
	取得価額等	対　象　法　人	
少額減価償却資産	10万円未満		取得価額相当額の全額

	又は使用可能期間が１年未満	──	
一括償却資産	20万円未満		$取得価額相当額 \times \dfrac{その事業年度の月数}{36}$
中小企業者等の少額減価償却資産	30万円未満	中小企業者等	取得価額相当額の全額（合計300万円限度）

(注)　「少額の減価償却資産の取得価額の損金算入（法令133）」又は「一括償却資産の損金算入（法令133の２）」の規定の適用を受けた場合には、「中小企業者等の少額減価償却資産の取得価額の損金算入の特例」の規定の適用を受けることができません。

　また、それぞれの規定の適用対象資産から貸付け（主要な事業として行われるものを除きます。）の用に供された資産が除外されます（法令133①②・133の２①⑬、措令39の28②③）。

　なお、所得税についても同様とされます（所令138①②・139①④、措令39の28②③）。

Q2　中小企業者等の範囲

Ｑ１における中小企業者等の範囲について教えて下さい。

POINT

　中小企業者等とは、中小企業者又は農業協同組合等で青色申告書を提出しているものとされます。このうち、中小企業者とは、資本金の額等が１億円以下の法人のうち、一定の要件に該当する法人とされます。

A　「中小企業者等」とは、中小企業者又は農業協同組合等で青色申告書を提出しているものとされます（措法42の４⑧六）。このうち、「中小企業者」とは、資本金の額若しくは出資金の額が１億円以下の法人のうち、次に掲げる法人以外の法人又は資本若しくは出資を有しない法人のう

ち常時使用する従業員の数が1,000人以下の法人とされます（措令27の4⑫）。

① 　その発行済株式又は出資の総数又は総額の2分の1以上が同一の大規模
　法人（注）の所有に属している法人

② 　上記①のほか、その発行済株式等又は出資の総数又は総額の3分の2以
　上が大規模法人（注）の所有に属している法人

　（注）　「大規模法人」とは、資本金の額等が1億円を超える法人又は資本
　　　　等を有しない法人のうち常時使用する従業員の数が1,000人を超える
　　　　法人をいい、中小企業投資育成株式会社を除きます。

　また、事業者が「中小企業者等」に該当するかどうかは、その適用年度
終了の時の現況によって判定されます（措通42の12-1）。

＜図表Ⅴ-16＞　中小企業者等の範囲

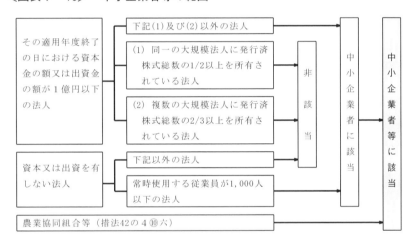

Q3　適用対象者の見直し

　中小企業者等における①償却資産の管理や申告手続などの事務負担の軽
減、②少額減価償却資産の取得促進による事務処理能力・事業効率の向上を
図るため、適用対象者が見直されたそうですが、その内容について教えて下
さい。

POINT

　対象法人から電子情報処理組織を使用する方法（e-Tax）により法人
税の確定申告書等に記載すべきものとされる事項を提供しなければなら
ない法人のうち、常時使用する従業員の数が300人（改正前：500人）を
超えるものが除外されます。

A　　中小企業者等の少額減価償却資産の取得価額の損金算入の特例の
　　　　対象法人は、中小企業者等（上記Ｑ２に掲げる中小企業者（適用除
外事業者に該当するものを除きます。）又は農業協同組合等で青色申告書を
提出するもの（通算法人を除きます。）のうち、事務負担に配慮する必要があ
るものとして政令で定めるもの）とされています（措法67の５①）。

　このうち、「事務負担に配慮する必要があるものとして政令で定めるもの」
とは、次に掲げる法人とされます（措令39の28①）。

① 　常時使用する従業員の数が500人以下の法人(特定法人（注）を除きます。)

② 　常時使用する従業員の数が300人以下の特定法人

　（注）　「特定法人」とは、電子情報処理組織を使用する方法（e-Tax）によ
　　　　り法人税の確定申告書等に記載すべきものとされる事項を提供しなけ
　　　　ればならない法人のうち、次に掲げる法人とされます（法法75の４①
　　　　②）。

　　　イ　事業年度開始の時における資本金の額又は出資金の額が１億円を
　　　　超える法人

　　　ロ　通算法人（上記イに掲げる法人を除きます。）

　　　ハ　保険業法に規定する相互会社（上記イ及びロに掲げる法人を除き
　　　　ます。）

　　　ニ　投資法人（上記イに掲げる法人を除きます。）

　　　ホ　特定目的会社（上記イに掲げる法人を除きます。）

Q4　適用期限の延長

中小企業者等の少額減価償却資産の取得価額の損金算入の特例の適用関係について教えて下さい。

POINT

適用期限が2年延長されます。

A　中小企業者等の少額減価償却資産の取得価額の損金算入の特例について、その適用期限が令和8年3月31日（改正前：令和6年3月31日）まで2年延長されます（措法67の5①）。

なお、所得税についても同様とされます（措法28の2①）。

Q5　適用関係

中小企業者等の少額減価償却資産の取得価額の損金算入の特例の適用対象者の見直しの適用関係について教えて下さい。

POINT

令和6年4月1日以後に取得等する適用対象資産から適用されます。

A　Q3の改正は、中小企業者等が令和6年4月1日以後に取得又は製作若しくは建設する適用対象資産について適用され、中小企業者等が令和6年4月1日前に取得等した適用対象資産については、なお従前の例によります（令和6年改正措令附則19）。

11　国家戦略特別区域税制の見直し

Q1　基本的考え方

　国家戦略特別区域において機械等を取得した場合の特別償却等又は法人税額の特別控除（いわゆる国家戦略特区税制）の基本的考え方について教えて下さい。

> **POINT**
>
> 　国家戦略特別区域において、我が国の経済社会の活力の向上等に寄与することが見込まれる事業を実施する事業者として特区ごとに定められる区域計画に記載された者を支援するための税制とされます。

A　　日本の直面しているデフレからの早期脱却と経済再生の実現という重要課題を実行・実現するため、「日本再興戦略（平成25年6月14日閣議決定）」では、日本産業再興プラン・戦略市場創造プラン及び国際展開戦略の3つのアクションプランが示されています。

　このうち、日本産業再興プランでは、立地競争力の強化策として「国家戦略特区」を実現することとされています。企業にとって活動しやすい環境作りの契機とするため、国家戦略特区において行われる我が国の経済再興に大きく寄与する事業（内閣府令において、地方及び民間からの提案を基に、①国際的ビジネス拠点、②医療等の国際的イノベーション拠点、③革新的な農業等の産業の実践拠点等を形成するものであって、単なる地域支援ではなく、我が国の経済再興に寄与するインパクトのある事業とされます。）について、特区に認定されなかった地域とのバランスに配慮しつつ、積極的に税制で支援することとされました。

　なお、国家戦略特区の指定地域は、次の13区域とされています（国家戦略特区区域を定める政令）。
①　宮城県仙台市の区域
②　秋田県仙北市の区域

③　茨木県つくば市の区域

④　千葉県千葉市及び成田市、東京都並びに神奈川県の区域

⑤　新潟県新潟市の区域

⑥　石川県石川市、長野県茅野市及び岡山県加賀郡吉備中央町の区域

⑦　愛知県の区域

⑧　京都府、大阪府及び兵庫県の区域

⑨　大阪府大阪市の区域

⑩　兵庫県養父市の区域

⑪　広島県及び愛媛県今治市の区域

⑫　福岡県北九州市及び福岡市の区域

⑬　沖縄県の区域

Q₂ 改正前制度の概要

　改正前の国家戦略特区税制の特別償却等又は特別税額控除の概要について
教えて下さい。

┌─ **POINT** ─────────────────────────────┐
│　国家戦略特別区域において機械等を取得した場合には、特別償却又は
│特別税額控除が選択適用できます。
└──┘

A　　　青色申告書を提出する法人で国家戦略特別区域法の一定の特定事
業の実施主体として同法の認定区域計画に定められたものが、平成
30年4月1日から令和6年3月31日までの間に、国家戦略特別区域内におい
て、特定事業の実施に関する計画に記載された機械装置、開発研究用器具備
品、建物及びその附属設備並びに構築物で、一定の規模以上のものの取得又
は製作若しくは建設（以下「取得等」といいます。）をして、その特定事業の
用に供した場合（貸付けの用に供した場合を除きます。）には、その取得価額
の45％相当額（建物及びその附属設備並びに構築物については、23％相当額）
の特別償却とその取得価額の14％相当額（建物及びその附属設備並びに構築

物については、7％相当額）の特別税額控除との選択適用ができることとされます。

　ただし、特別税額控除については当期の法人税額の20％相当額を上限とされます（措法42の10①②）。

＜図表Ⅴ－17＞　特別償却等又は特別税額控除（現行制度）

区　　　分	特別償却割合	特別税額控除割合
建物	25％	7％
建物附属設備		
構築物		
機械装置	50％	15％
開発研究用器具備品		

Q3　適用対象資産

国家戦略特区税制における特例対象資産について教えて下さい。

POINT

　機械装置、開発研究用器具備品、建物及びその附属設備並びに構築物の区分ごとに取得価額要件が設けられています。

A　Q2の適用対象となる資産は、認定区域計画に定められた特定事業の国家戦略特別区域担当大臣の確認（特区規3④）を受けた事業実施計画（変更の確認があった場合には、その変更後のもの。以下「事業実施計画」といいます。）に記載（特区規3①）された＜図表Ⅴ－18＞に掲げる減価償却資産（以下「特定機械装置等」といいます。）とされます（措法42の10①、措令27の10①②、措規20の5②③）。

<図表Ⅴ－18>　適用対象資産（現行制度）

資　産　の　種　類	取　得　価　額　要　件
機械及び装置	1台又は1基の取得価額が2,000万円以上のもの（注1）
専ら開発研究の用に供される器具及び備品（注2）	1台又は1基の取得価額が1,000万円以上のもの
建物及びその附属設備並びに構築物	一の建物及びその附属設備並びに構築物の取得価額の合計額が1億円以上のもの

（注1）　1台又は1基は、通常1組又は1式をもって取引の単位とされるものにあっては、1組又は1式とすることとされています（措令27の10②）。また、個々の機械及び装置の本体と同時に設置する自動調整装置又は原動機のような附属機器でその本体と一体になって使用するものがある場合には、これらの附属機器を含めたところによりその判定を行うことができるものとされます（措通42の10－1）。

（注2）　試験又は測定機器、計算機器、撮影機及び顕微鏡に限ります（措規20の5③、耐省令別表6）。
　　　　　なお、開発研究とは、新たな製品の製造若しくは新たな技術の発明又は現に企業化されている技術の著しい改善を目的として特別に行われる試験研究をいいます（措令27の10①）。

Q₄ 適用対象業務の縮小

　国家戦略特区税制における適用対象とされる特定事業が縮小されるそうですが、その内容について教えて下さい。

┌ POINT ┐

　適用対象とされる特定事業が縮小されます。

　適用対象とされる特定事業から次に掲げる事業が除外されます（措法42の10①、令和6年3月30日内閣府令44）。

　また、設備投資に係る特定事業に関する事業実施計画の事業実施期間の末日について設備を事業の用に供した日以後５年を経過する日（改正前：定めなし）とされます。

　なお、特定事業の適切な実施に関する国家戦略特別区域担当大臣の確認についてその判断基準が明確化されます。

① 　国際会議等に参加する者の利用に供する大規模な集会施設、宿泊施設、文化施設その他の利用に供する施設又は設備の整備、運営又はサービスの提供に関する事業（国際会議等に参加する者に係るものに限ります。）のうち、集会施設、宿泊施設又は文化施設以外の施設又は設備の整備、運営又はサービスの提供に関する事業

② 　付加価値の高い農林水産物若しくは加工食品の効率的な生産若しくは輸出の促進を図るために必要な高度な技術の研究開発又は当該技術の活用に関する事業（これらの事業に必要な施設又は設備の整備又は運営に関する事業を含みます。）

Q5　適用期間の延長

国家戦略特区税制における適用期限の延長について教えて下さい。

POINT

　適用期限が２年延長されます。

A　　国家戦略特区税制について、その適用期限が令和８年３月31日（改正前：令和６年３月31日）まで２年延長されます（措法42の10①一）。

Q6　適用関係

　Ｑ４及びＱ５における国家戦略特区税制の見直しの適用関係について教えて下さい。

┌─ **POINT** ───────────────

令和6年4月1日以後に開始する事業年度から適用されます。

└───────────────────────────

A　　Ｑ4及びＱ5の改正は、法人の令和6年4月1日以後に開始する事業年度の所得に対する法人税について適用され、同日前に開始した事業年度の所得に対する法人税については、なお従前の例によります（令和6年改正法附則38）。

　なお、Ｑ4及びＱ5の改正に伴い、特別償却制度を法人住民税及び法人事業税に適用することとされます。

12　国際戦略総合特別区域において機械等を取得した場合の特別償却又は法人税額の特別控除の見直し

Q 1　改正前制度の概要

改正前の国際戦略総合特別区域において機械等を取得した場合の特別償却又は法人税額の特別控除（いわゆる国際戦略総合特別区域税制）の概要について教えて下さい。

> **POINT**
>
> 　我が国全体の成長を牽引し、国際的に競争優位性を持ちうる大都市を対象とする国際戦略総合特別区域における成長産業や外資系企業等の集積を促進するため、国際戦略総合特別区域内における設備投資に対し、税制上の支援措置が設けられています。

A　青色申告書を提出する法人で総合特別区域法に規定する指定法人に該当するものが、平成23年8月1日から令和6年3月31日までの間に、同法に規定する国際戦略総合特別区域内において、特定機械装置等の取得等をして、特定国際戦略事業の用に供した場合には、その特定機械装置等の取得価額の34％相当額（建物等については、17％相当額）の特別償却又は10％相当額（建物等については、5％相当額）の特別税額控除との選択適用ができることとされます。

ただし、特別税額控除額については当期の法人税額の20％相当額を限度とされます（措法42の11①〜④）。

Q 2　適用対象業務の縮小

国際戦略総合特別区域税制の適用対象事業が縮小されるそうですが、その内容について教えて下さい。

POINT

適用対象事業が縮小されます。

A　対象となる特定国際戦略事業から次に掲げる事業が除外されます
（措法42の11①、令和6年3月30日内閣府令44）。

① 　手術補助その他の治療、日常生活訓練その他医療及び介護に関する利用
に供するロボットの研究開発又は製造に関する事業（これらの事業に必要
な施設又は設備の整備又は運営に関する事業を含みます。）

② 　情報通信技術を利用して行われる診療に係るシステムその他の医療に関
する情報システム（電磁的記録により作成又は保存される診療の記録に関
するものを含みます。）の研究開発に関する事業（これらの事業に必要な施
設又は設備の整備又は運営に関する事業を含みます。）

③ 　高度な医療を提供する医療施設又は医療設備の整備又は運営に関する事
業

④ 　産業競争力強化法の産業競争力基盤強化商品の生産に関する事業

Q₃ 　特別償却割合及び特別税額控除割合の引下げ等

国際戦略総合特別区域税制の特別償却割合及び特別税額控除割合が引き下
げられるそうですが、その内容について教えて下さい。

POINT

建物等の特別償却割合が15％相当額に、機械及び装置等の特別償却割
合が30％相当額に引き下げられます。また、建物等の特別税額控除割合
が4％相当額に、機械及び装置等の特別税額控除割合が8％相当額に引
き下げられます。

A　国際戦略総合特別区域において機械等を取得した場合の特別償却
又は法人税額の特別控除制度について、令和6年4月1日から令和

8年3月31日までの間に取得等をした特定機械装置等（令和6年3月31日以前に受けた指定に係る指定法人事業実施計画に同日において記載されているものを除きます。）の特別償却割合及び税額控除割合が＜図表Ⅴ−19＞のとおり引き下げられます（措法42の11①②）。

＜図表Ⅴ−19＞　特別償却割合及び税額控除割合の引下げ

区　　　　　分		改正前	改正後
特別償却割合	建物	17%	15%
	建物附属設備		
	構築物		
	機械及び装置	34%	30%
	開発研究用器具及び備品		
税額控除割合	建物	5 %	4 %
	建物附属設備		
	構築物		
	機械及び装置	10%	8 %
	開発研究用器具及び備品		

Q4 適用期間の延長

国際戦略総合特別区域税制における適用期限の延長について教えて下さい。

POINT

適用期限が2年延長されます。

A　国際戦略総合特別区域において機械等を取得した場合の特別償却又は法人税額の特別控除について、その適用期限が令和8年3月31日（改正前：令和6年3月31日）まで2年延長されます（措法42の11①）。

Q5　適用関係

Q2からQ4における適用対象事業の縮小等の適用関係について教えて下さい。

POINT

令和6年4月1日以後に取得等する特定機械装置等から適用されます。

A　Q2からQ4の改正は、法人が令和6年4月1日以後に取得又は製作若しくは建設する特定機械装置等について適用され、法人が同日前に取得等した特定機械装置等については、なお従前の例によります（令和6年改正措令附則40）。

なお、Q2からQ4の改正に伴い、特別償却制度を法人住民税及び法人事業税に適用することとされます。

13　国家戦略特別区域における指定法人の所得の特別控除制度の見直し

Q 1　改正前制度の概要

改正前の国家戦略特別区域における指定法人の所得の特別控除制度の概要について教えて下さい。

> **POINT**
>
> ５年間、所得の金額の20％の所得控除が適用できます。

A　青色申告書を提出する内国法人で、国家戦略特別区域法の一部を改正する法律の施行の日（平成28年９月１日）から令和６年３月31日までの間に国家戦略特別区域法の指定を受けた法人に該当するものが、その設立の日から同日以後５年を経過する日までの期間内に終了する各事業年度において、国家戦略特別区域内において行われる特定事業に係る所得の金額を有する場合には、その金額の20％相当額は、各事業年度の所得の金額の計算上、損金の額に算入できます（措法61①）。

ただし、「国家戦略特別区域において機械等を取得した場合の特別償却等又は法人税額の特別控除（措法42の10）」の規定又は「国際戦略総合特別区域において機械等を取得した場合の特別償却又は法人税額の特別控除制度（措法42の11）」の規定との選択適用とされます（措法61②）。

Q 2　所得控除割合の引下げ

Q１における所得控除割合が引き下げられるそうですが、その内容について教えて下さい。

所得控除率が18％に引き下げられます。

A　　Q 1 における所得控除割合が18％（改正前：20％）に引き下げられます（措法61①）。

Q3　適用対象業務の縮小

Q 1 における適用対象事業が縮小されるそうですが、その内容について教えて下さい。

適用対象事業が縮小されます。

A　　対象となる事業から次に掲げる事業が除外されます（措法61①、令和 6 年 3 月30日内閣府令44）。

①　我が国の経済社会の活力の向上及び持続的発展に寄与することが見込まれる産業に係る国際的な事業機会の創出その他当該産業に係る国際的な規模の事業活動の促進に資する事業

②　付加価値の高い農林水産物若しくは加工食品の効率的な生産若しくは輸出の促進を図るために必要な高度な技術の研究開発又は当該技術の活用に関する事業（これらの事業に必要な施設又は設備の整備又は運営に関する事業を含みます。）

Q4　適用関係

Q 2 及びQ 3 における適用対象事業の縮小等の適用関係について教えて下さい。

┌─ **POINT** ─────────────────────────────────┐

令和6年4月1日以後に指定を受ける法人から適用されます。

└──┘

A　　Q2及びQ3の改正は、令和6年4月1日以後に指定を受ける内国法人（指定に係る認定区域計画に定められている特定事業に関する事業実施計画を同日前に国家戦略特別区域担当大臣に提出されたものを除きます。）の各事業年度分の法人税について適用され、同日前に指定を受けた内国法人の各事業年度分の法人税については、なお従前の例によります（令和6年改正措令附則50①）。

14　地域未来投資促進税制の拡充等

Q 1　改正前制度の概要

　改正前の地域経済牽引事業の促進区域内において特定事業用機械等を取得した場合の特別償却又は税額控除制度（いわゆる地域未来投資促進税制）の概要について教えて下さい。

POINT

　特定地域中核事業施設等を構成する機械装置、器具備品、建物及びその附属設備並びに構築物について特別償却又は特別税額控除との選択適用ができます。

A　　青色申告書を提出する法人で地域経済牽引事業の促進による地域の成長発展の基盤強化に資する法律の承認地域経済牽引事業者であるものが、平成29年７月31日から令和７年３月31日までの間に、その法人の行う承認地域経済牽引事業に係る促進区域内においてその承認地域経済牽引事業に係る承認地域経済牽引事業計画に従って特定地域経済牽引事業施設等（法人の特定承認地域中核事業計画に定められた施設又は設備で、その計画に従って行う地域中核事業の用に供するもののうち、その取得価額の合計額が2,000万円以上のものとされます。）の新設又は増設をする場合において、その新設又は増設に係る特定地域経済牽引事業施設等を構成する機械装置、器具備品、建物及びその附属設備並びに構築物の取得等をして、承認地域経済牽引事業の用に供したときは、その取得価額（その特定事業用機械等の取得価額の合計額が80億円を超える場合には、80億円にその特定事業用機械等の取得価額がその合計額に占める割合を乗じて計算した金額）の40％相当額（建物及びその附属設備並びに構築物については、20％相当額）の特別償却とその取得価額の４％相当額（建物及びその附属設備並びに構築物については、２％相当額）の特別税額控除との選択適用ができます。

　ただし、特別税額控除における控除税額は、当期の法人税額の20％相当額

が上限とされます（旧措法42の11の２①②、旧措令27の11の２①）。

　なお、所得税についても同様とされます（旧措法10の４①②、旧措令５の５の２①）。

　また、地方税についても同様とされます。

$\boxed{Q_2}$ 改正前の上乗せ支援要件の概要

　地域未来投資促進税制は、平成29年７月31日の施行後、具体的なプロジェクトが動き始めていますが、平成31年度税制改正では、地域の特性を生かしつつ、特に高い付加価値を創出し、地域経済を牽引する企業の前向きな設備投資を促進するため、上乗せ支援要件を満たす場合には、特別償却割合又は特別税額控除割合が引き上げる措置が創設されました。

　また、令和５年度税制改正では、地域の「稼ぐ力」を強化するため、特に高い付加価値（３億円以上）を創出し、地域内企業との取引や雇用を通じて、より一層地域経済に波及効果を及ぼす事業について、上乗せ支援要件の拡充が行われたそうですが、それぞれの上乗せ支援要件の改正前制度の概要について教えて下さい。

POINT

　平成31年度税制改正では、直前事業年度の付加価値増加割合が８％以上増加している場合には、特別償却割合又は特別税額控除割合が引き上げられました。

　令和５年度税制改正では、従来の上乗せ支援要件に、「対象事業において創出される付加価値額が３億円以上、かつ、事業を実施する企業の前年度と前々年度の平均付加価値額が50億円以上」が追加され、支援対象が拡充されました。

　平成31年度税制改正及び令和５年度税制改正における上乗せ支援要件は、次のとおりとされています。

① 平成31年度税制改正

　平成31年４月１日以後に地域経済牽引事業の促進による地域の成長発展の基盤強化に関する法律の承認を受けた事業者がその承認地域経済牽引事業で主務大臣の確認を受ける事業年度の前事業年度の付加価値額がその確認を受ける事業年度の前々事業年度の付加価値額より８％以上増加していることとの要件（いわゆる上乗せ要件）を満たす場合には、その承認地域経済牽引事業の用に供した機械装置及び器具備品について、特別償却割合が50％相当額に、特別税額控除割合が５％相当額に、それぞれ引き上げられます（旧措法42の11の２①②、旧措令27の11の２①）。

② 令和５年度税制改正

　地域未来投資促進税制の特別償却割合及び税額控除割合を引き上げる措置の対象に、次の要件の全てを満たす場合が追加されます。

　この改正は、法人の令和５年４月１日以後に開始する事業年度から適用され、同日前に開始した事業年度については、なお従前の例によります（令和５年改正法附則11）。

イ　その承認地域経済牽引事業者のその承認地域経済牽引事業について主務大臣の確認を受ける事業年度の前事業年度及び前々事業年度における平均付加価値額が50億円以上であること。

ロ　その承認地域経済牽引事業が３億円以上の付加価値額を創出すると見込まれるものであること。

ハ　労働生産性の伸び率４％以上、かつ、投資収益率５％以上となることが見込まれること。

Q3　上乗せ支援要件の見直し

　地域未来投資促進税制は、地域の特性を活かして高い付加価値を創出し、地域に相当の経済的効果をもたらして、主務大臣の確認を経た事業計画に基づき行う設備投資を促進する税制とされています。

　令和６年度税制改正では、賃金・技術蓄積面で地域に大きな波及効果を拡大していくために上乗せ支援要件が見直されたそうですが、その内容について教えて下さい。

労働生産性の伸び率に係る要件が見直されます。

A　　Q2における特別償却割合及び特別税額控除割合を引き上げる上乗せ支援要件のうち労働生産性の伸び率に係る要件について、その労働生産性の伸び率が5％以上（改正前：4％以上）に引き上げられます。

＜図表Ⅴ－20＞　主な課税の特例措置（国の確認）

	改正前	改正後
課税特例の要件	①　先進性を有すること（特定非常災害により被災した区域を除きます） 　イ　通常類型 　　　労働生産性の伸び率が4％以上又は投資収益率が5％以上であること 　ロ　サプライチェーン類型 　（イ）　海外への生産拠点の集中の程度が50％以上の製品の製造 　（ロ）　事業を実施する都道府県内の取引額の増加率が5％以上　等	
	②　設備投資額が2,000万円以上であること	
	③　設備投資額が前事業年度の減価償却費の20％以上であること	
	④　対象事業の売上高伸び率（％）が、ゼロを上回り、かつ、過去5事業年度の対象事業の市場の伸び率（％）より5％以上高いこと	
	⑤　旧計画が終了しており、その労働生産性の伸び率4％以上、かつ、投資収益率が5％以上であること	
上乗せ要件	⑥　次のいずれかの要件を満たすこと 　イ　直近事業年度の付加価値額増加率が8％以上であること 　ロ　対象事業において創出される付加価値額が3億円以上、かつ、事業を実施する企業の前年度と前々年度の平均付加価値額が50億円以上であること	
	⑦　労働生産性の伸び率4％以上、かつ、投資収益率が5％以上であること	⑦　労働生産性の伸び率5％以上、かつ、投資収益率が5％以上であること

中堅企業枠の創設

　賃金・技術蓄積面で地域に大きな波及効果をもたらす成長志向の中堅企業が、躊躇なく規模拡大が行うために必要な大規模国内投資を後押しするための中堅企業枠が創設されたそうですが、その内容について教えて下さい。

POINT

　従来の上乗せ支援要件に新たに「特定中堅企業者」及び承認地域経済牽引事業が地域の事業者に対して著しい経済効果を及ぼす一定のものである場合が追加され、その対象となる機械装置及び器具備品の税額控除割合が6％に引き上げられます。

A　Q2における特別償却割合及び税額控除割合を引き上げる上乗せ支援要件について、次の要件の全てを満たすことにつき主務大臣の確認を受けた場合が対象に追加されます。また、その対象となる機械装置及び器具備品の税額控除割合が6％（改正前：5％）とされます（措法42の11の2②二、措令27の11の2③）。

　なお、所得税についても同様とされます（措法10の4③一、措令5の5の2④）。

①　産業競争力強化法の特定中堅企業者であること。

②　「パートナーシップ構築宣言」を公表していること。

③　その承認地域経済牽引事業計画に定められた施設又は設備を構成する減価償却資産の取得予定価額の合計額が10億円以上であること。

④　Q3の見直し後の労働生産性の伸び率に係る要件、現行の付加価値額増加率に係る要件並びに現行の年平均付加価値額及び付加価値額の創出に係る要件その他現行の特別償却割合率及び特別税額控除割合が引き上げる上乗せ支援要件の適用要件の全てを満たすこと。

（注）　中小企業基本法の中小企業者については、従来のどおりとされます。

＜図表Ⅴ－21＞　地域未来投資促進税制の控除割合

区　　　　　　　　　分			特別償却	特別税額控除	
				改正前	改正後
機械及び装置 器具及び備品	上乗せ支援 要件	特定中堅企業者	50％		6％
		上　記　以　外		5％	
	上　　記　　以　　外		40％	4％	
建物・建物附属設備・構築物			20％	2％	

（注）　取得価額の合計額80億円が限度とされます。

Q5　適用関係

　Q3及びQ4の地域未来投資促進税制の見直しの適用関係について教えて下さい。

POINT

　令和6年4月1日以後から適用されます。

A　　Q3及びQ4の改正は、法人の令和6年4月1日以後に取得又は製作若しくは建設する特定事業用機械等について適用され、法人が同日前に取得等した特定事業用機械等については、なお従前の例によります（令和6年改正措令附則41）。

　また、個人についても同様とされます（令和6年改正措令附則23）。

コラム　地域未来投資促進税制の定義等
○地域経済牽引事業計画（道府県知事の承認）
　都道府県・市町村が作成する基本計画への適合
　＜地域経済牽引事業の要件＞
　①　地域特性の活用　　　　　②　高い付加価値の創出
　③　地域の事業者に対する経済的効果

○対象事業のイメージ
① 先端技術を活かした成長分野のものづくり（例：産業集積を活用した製品開発、バイオ・新素材分野の実用化等）
② 第４次産業革命関連分野（例：IoT、AI、IT産業集積の構築、データ利活用による高収益化等）
③ 農林水産・地域商社（例：農水産品の海外市場獲得、地域産品のブランド化等）
④ 観光・商業・スポーツ活用ビジネス（例：スタジアム・アリーナ整備、訪日観光客の消費喚起等）
⑤ 医療・健康・教育関連サービス（例：ロボット介護機器開発、健康管理サポートサービス等）
⑥ 環境・エネルギー（例：再生可能エネルギーを利用した発電、省エネルギー技術開発等）
（経済産業省「令和３年度経済産業関係税制改正について」（令和２年12月））

15　地方活力向上地域等において特定建物等を取得した場合の特別償却又は税額控除制度（いわゆるオフィス減税制度）の拡充等

 地方拠点強化税制の沿革

　「まち・ひと・しごと創生法」では、「東京圏への人口の過度の集中を是正し、それぞれの地域で住みよい環境を確保」するとともに、「急速な少子高齢化の進展に的確に対応し、人口の減少に歯止めをかける」ことが重要であるとされています。

　そこで、平成27年度税制改正では、東京への過度な人口集中を是正し、地方の企業において雇用の場の確保・人材の定着を目的とした地方拠点強化税制が創設され、平成30年度税制改正、令和２年度税制改正及び令和４年度税制改正でその見直しが行われたそうですが、それぞれの主な税制改正の沿革について教えて下さい。

POINT

　地域拠点強化税制は、①地方活力向上地域等において特定建物等を取得した場合の特別償却又は税額控除制度（いわゆる「オフィス減税」といいます。）と②地方活力向上地域等において雇用者の数が増加した場合の税額控除制度（いわゆる「雇用促進税制」といいます。）の２つに区分されます。

A　　地域拠点強化税制の主な税制改正の沿革は、次のとおりとされます。

1　平成27年度税制改正

　地方公共団体における計画的・戦略的な企業誘致の取組と相まって、①地方にある企業の本社機能等の拠点拡充を支援する措置（いわゆる「拡充型」）、②本社機能等を地方に移転した場合の地方移転の促進を支援する措置（いわゆる「移転型」）として、地方拠点建物等を取得した場合の特別償

却又は特別税額控除（いわゆる「本社等のオフィス設備に係る投資減税」
及び雇用促進税制の特例とされます（旧措法42の12②）。

2　平成30年度税制改正

　「特定の地域において雇用者の数が増加した場合の税額控除制度（雇用
促進税制）のうち同意雇用開発促進地域に係る措置（本体部分）の廃止（旧
措法42の12①）」に伴い、同制度のうち地方事業所基準雇用者数に係る措置
及び地方事業所特別基準雇用者数に係る措置を「地方活力向上地域等にお
いて雇用者の数が増加した場合の法人税額の特別控除（措法42の12）」の規
定（以下単に「雇用促進税制」といいます。）に改組されました。

　「地方活力向上地域等において特定建物等を取得した場合の特別償却又
は法人税額の特別控除（措法42の11の３）」の規定（以下単に「オフィス減
税」といいます。）の適用期限が令和２年３月31日（改正前：平成30年３月
31日）まで２年延長されました。

　また、地域再生法等の改正及び運用の適正化に伴い、地方活力向上地域
特定業務施設整備計画につき、①準地方活力向上地域とされた近畿圏の中
心部及び中部圏の中心部を移転型事業の対象地域にされるとともに、②特
定業務施設の従業員数及び増加従業員数が５人以上（中小企業者について
は、２人以上）に引き下げられる等の見直しが行われました。

3　令和２年度税制改正

　オフィス減税の適用期限が令和４年３月31日（改正前：令和２年３月31
日）まで２年延長されました。また、雇用促進税制について、東京への過
度な人口集中を是正し、移転型事業による雇用に対するインセンティブを
強化するため、特別税額控除額及び雇用増加数の要件等が見直されるとと
もに、適用期限が令和４年３月31日（改正前：令和２年３月31日）まで２
年延長されました。

4　令和４年度税制改正

　オフィス減税の適用期限が令和６年３月31日（改正前：令和４年３月31
日）まで２年延長されました。また、地方拠点強化税制について、東京一
極集中を是正する観点から、地方に移転する企業の実態を踏まえて、次に
掲げる見直しが行われました。なお、雇用促進税制についても同様とされ
ます。

①　拡充型事業の対象となる地方活力向上地域の要件

　　「事業者の立地を目的として地方公共団体によって産業基盤となる情報通信環境が整備され又は整備を図るための具体的な計画の対象となっていること」との要件を満たす場合には、「産業の集積が形成されていること又は地方公共団体その他の者が定める産業の集積を図るための具体的な計画の対象となっていること」との要件を満たすことが不要とされました。

②　雇用者増加要件

　　特定業務施設において常時雇用する従業員の数及び特定業務施設において増加させると見込まれる常時雇用する従業員の数に関する要件について、中小企業者の場合には1人以上（改正前：2人以上）とされました。

③　雇用促進計画の提出期限

　　地方活力向上地域等特定業務施設整備計画の認定の日から3月以内（改正前：2月以内）とされました。

$\boxed{Q_2}$　改正前のオフィス減税制度の概要

改正前のオフィス減税制度の概要について教えて下さい。

POINT

　オフィスに係る建物等の取得価額に対して、特別償却又は税額控除が可能とされています。

A　青色申告書を提出する法人で、平成27年8月10日から令和6年3月31日までの指定期間内に地方活力向上地域等特定業務施設整備計画について地域再生法の認定を受けたものが、その認定を受けた日から同日の翌日以後2年を経過する日までの間に、その認定都道府県知事が作成した認定地域再生計画に記載されている地方活力向上地域内において、その地方

活力向上地域等特定業務施設整備計画（拡充型計画又は移転型計画）に記載された特定業務施設に該当する建物及びその附属設備並びに構築物(以下「特定建物等」といいます。）の取得等をし、その法人の営む事業の用に供した場合（貸付けの用に供した場合を除きます。）には、その事業の用に供した事業年度において、その特定建物等の取得価額の15％（拡充型計画）又は25％（移転型計画）相当額の特別償却と４％（拡充型計画）又は７％（移転型計画）相当額の特別税額控除との選択適用ができることとされます。

　ただし、特別税額控除については、当期の法人税額の20％相当額が限度とされます（措法42の11の３①②）。

　なお、所得税についても同様とされます（措法10の４の２①③）。

＜図表V－22＞　オフィス減税制度

区　　分	地方活力向上地域特定業務施設整備計画の適用要件	税制上の優遇規定
拡充型	①　東京圏、中部圏中心部及び近畿圏中心部を除く地域であって、単独自治体又は地域連携により概ね10万人以上の経済圏を構成し、一定の事業集積が認められる地域 ②　本社機能の受入促進策を講じていること	①　特別償却 　　取得価額×15％ ②　特別税額控除 　　取得価額×４％
移転型	①　東京圏、中部圏中心部及び近畿圏中心部（注）を除く全地域 　（注）　準地方活力向上地域とされた中部圏中心部及び近畿圏中心部は対象地域 ②　本社機能の受入促進策を講じていること	①　特別償却 　　取得価額×25％ ②　特別税額控除 　　取得価額×７％

Q3　特定業務施設の範囲の拡充

　オフィス減税制度について、特定業務施設の範囲が拡充されたそうですが、その内容について教えて下さい。

```
POINT
```
　常時雇用する従業員の児童の保育等を行うための保育施設等が追加されます。

A　対象となる特定建物等の範囲に特定業務施設の新設に伴い整備される保育施設等で専らその特定業務施設において常時雇用する従業員の児童の保育等を行うための施設に該当する建物等及び構築物が追加されます（措法42の11の３①かっこ書）。

　なお、所得税についても同様とされます（措法10の４の２①かっこ書）。

Q₄ 取得価額要件の見直し

オフィス減税制度について、取得価額要件の見直しが行われたそうですが、その内容について教えて下さい。

```
POINT
```
　中小企業者以外の法人の取得価額要件が2,500万円以上に引き上げられます。

A　中小企業者（適用除外事業者に該当するものを除きます。）以外の法人の取得価額要件が3,500万円以上（改正前：2,500万円以上）に引き上げられます（措法42の11の３①、措令27の11の３）。

　なお、所得税についても同様とされます（措法10の４の２①、措令５の５の３①）。

＜図表Ⅴ－23＞　オフィス減税制度の取得価額要件

区　　分	改　正　前	改　正　後
中小企業者	1,000万円以上	
上記以外	2,500万円以上	3,500万円以上

Q5　取得価額の合計額の上限の創設

　オフィス減税制度の対象とされる特定建物等の取得価額の合計額に上限が設けられたそうですが、その内容について教えて下さい。

POINT

　対象とされる特定建物等の取得価額の合計額のうちオフィス減税の対象とされる金額の上限が80億円とされます。

A　　　一の特定業務施設が構成される建物等及び構築物の取得価額の合計額（基準取得価額）の上限が80億円（改正前：上限なし）とされます（措法42の11の3①かっこ書）。

　なお、所得税についても同様とされます（措法10の4の2①かっこ書）。

Q6　適用期限の延長

　オフィス減税制度の適用期限の延長について教えて下さい。

POINT

　令和8年3月31日まで2年延長されます。

A　　　地方活力向上地域等において特定建物等を取得した場合の特別償却又は税額控除制度について、その適用期限が令和8年3月31日（改正前：令和6年3月31日）まで2年延長されます（措法42の11の3①）。

　なお、所得税についても同様とされます（措法10の4の2①）。

Q7　適用関係

オフィス減税制度の見直しの適用関係について教えて下さい。

POINT

　令和6年4月1日以後に取得等する特定建物等について適用されます。

A　　Q3からQ6の改正は、令和6年4月1日以後に認定を受けた法人が令和6年4月1日以後に取得又は建設をする認定に係る特定建物等について適用され、同日前に認定を受けた法人が同日前に取得等をした認定に係る特定建物等については、なお従前の例によります（令和6年改正法附則42①～③）。

　また、個人においても同様とされます（令和6年改正法附則24①～③）。

　なお、Q3からQ6の改正に伴い、特別償却制度を法人住民税及び法人事業税に、税額控除制度を中小企業者等に係る法人住民税に適用することとされます。

16　地方活力向上地域等において雇用者の数が増加した場合の税額控除制度（いわゆる雇用促進税制）の拡充等

Q 1　改正前の雇用促進税制の概要

改正前の雇用促進税制の制度の概要について教えて下さい。

<table>
<tr><td>

POINT

　地方で新たに従業員を雇用又は地方に転勤した正社員に対して、法人全体の雇用増加数を上限に、移転型事業（初年度：1人当たり最大90万円、3年間の適用年度：1人当たり最大170万円）・拡充型事業（初年度：1人当たり最大30万円）の特別税額控除が受けられます。

　なお、移転型事業については、最大120万円はオフィス減税と併用可能とされます。

</td></tr>
</table>

　雇用促進税制の改正前制度の概要は、次のとおりとされます。
　1　拡充型計画又は移転型計画の認定を受けた法人に対する特例（基本部分）

　青色申告書を提出する法人で、平成30年6月1日から令和6年3月31日までの間に地方活力向上地域等特定業務施設整備計画（拡充型計画又は移転型計画）について地域再生法の認定を受けたものが、その認定を受けた日を含む事業年度、翌事業年度及び翌々事業年度（以下「適用年度」といいます。）において、①適用年度及びその前事業年度に事業主の都合による離職者（雇保4②）がいないこと、②適用年度の特定新規雇用者等数が2人以上であること、③雇用保険法の適用事業を行い、業務の規制等が講じられている風俗営業又は性風俗関連特殊営業を行っていないこと、の①から③の全ての要件を満たす場合には、その法人の適用年度の所得に対する調整前法人税額から税額控除限度額が控除できます。

　この場合において、その税額控除限度額がその法人のその適用年度の所

　得に対する調整前法人税額の20％に相当する金額を超えるときは、その控除を受ける金額は、20％に相当する金額が限度とされます（旧措法42の12①⑥一）。

　なお、所得税についても同様とされます（旧措法10の５①③一）。

＜図表Ⅴ－24＞　地方事業所税額控除限度額のイメージ

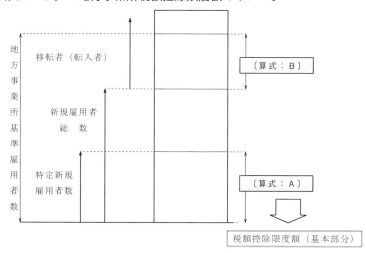

　地方拠点強化税制における地方事業所税額控除限度額とは、次に掲げる金額の合計額とされます（旧措法42の12①二）。

〔算式：Ａ〕

　30万円（注１）×地方事業所基準雇用者数（注２）のうち特定新規雇用者数（注３）＝××

　（注１）　移転型事業にあっては、50万円

　（注２）　基準雇用者数が上限（算式：Ｂにおいて同じ）

　（注３）　無期雇用、かつ、フルタイムの要件を満たす新規雇用者数

〔算式：Ｂ〕

　20万円（注１）×地方事業所基準雇用者数から新規雇用者総数を控除した数（注２）＝××

　（注１）　移転型事業にあっては、40万円

　（注２）　地方事業所基準雇用者数が上限

2　移転型計画の認定を受けた法人に対する上乗せ措置（上乗せ部分）

　　青色申告書を提出する法人で移転型計画の認定を受けたもののうち上記1に掲げる「拡充型計画又は移転型計画の認定を受けた法人に対する特例（基本部分）」の適用を受ける又は受けたものが、その適用を受ける事業年度以後の各適用年度において、「雇用保険法の適用事業を行い、業務の規制等が講じられている風俗営業又は性風俗関連特殊営業を行っていないこと（上記1③）」の要件を満たす場合には、次の〔算式〕によって計算した金額の法人税額の特別控除ができることとされています。

　　ただし、適用年度の調整前法人税額の20％相当額（上記1に掲げる「拡充型計画又は移転型計画の認定を受けた法人に対する特例」又は「地方活力向上地域において特定建物等を取得した場合の法人税額の特別控除（措法42の11の3）」による特別控除額がある場合には、これらの金額を控除した残額）が限度とされています（旧措法42の12②）。

　　なお、所得税についても同様とされます（旧措法10の5②）。

〔算式〕

　　地方事業所特別基準雇用者数×40万円（注）＝××

　　（注）　特定業務施設が準地方活力向上地域内にある場合は、30万円

3　移転型計画の認定を受けた法人に対する上乗せ措置（上乗せ部分）の併用適用

　　「地方活力向上地域等において特定建物等を取得した場合の特別償却又は法人税額の特別控除（措法42の11の3①②）」、その制度に係る「特別償却不足額がある場合の償却限度額の計算の特例（措法52の2①④）」又はその制度に係る「準備金方式による特別償却（特別償却準備金）制度（措法52の3①～③⑪⑫）」の規定と併用適用することができます（旧措法42の12②かっこ書）。

コラム　地方拠点強化税制の地方事業所税額控除限度額の用語の意義

①　地方事業所基準雇用者数（措法42の12⑥六、措令27の12③、措規20の7①）

　　適用年度開始の日から起算して2年前の日からその適用年度終了の日までの間に地方活力向上地域特定業務施設整備計画について計画の

認定を受けた法人のその計画の認定に係る特定業務施設（以下「適用
対象特定業務施設」といいます。）のみをその法人の事業所とみなした
場合における基準雇用者数について記載された所轄公共職業安定所の
長が交付する雇用促進計画の達成状況を確認した旨の書類の写しを確
定申告書等に添付することによって証明された数とされます。

② 特定雇用者（措法42の12⑥七）

次に掲げる要件を満たす雇用者とされます。

イ　その法人との間で労働契約法の有期労働契約以外の労働契約を締
結していること（無期雇用）。

ロ　短時間労働者及び有期雇用労働者の雇用管理の改善等に関する法
律の短時間労働者でないこと（フルタイム）。

③ 特定新規雇用者数（措法42の12⑥八、措令27の12④、措規20の7①）

適用対象特定業務施設においてその適用年度に新たに雇用された特
定雇用者でその適用年度終了の日においてその適用対象特定業務施設
に勤務するものの数について記載された所轄労働局又は公共職業安定
所の長が交付する雇用促進計画の達成状況を確認した旨の書類の写し
を確定申告書等に添付することによって証明がされたその特定雇用者
の数とされます。

④ 新規雇用者総数（措法42の12⑥十、措令27の12⑥、措規20の7①）

適用対象特定業務施設においてその適用年度に新たに雇用された雇
用者でその適用年度終了の日においてその適用対象特定業務施設に勤
務するものの総数について記載された所轄労働局又は公共職業安定所
の長が交付する雇用促進計画の達成状況を確認した旨の書類を確定申
告書等に添付することによって証明がされた雇用者の総数とされま
す。

⑤ 地方事業所特別基準雇用者数（措法42の12⑥十五、措令27の12⑪、措規
20の7③）

適用年度開始の日から起算して2年前の日からその適用年度終了の
日までの間に地方活力向上地域特定業務施設整備計画について計画の
認定を受けた法人のその適用年度及び適用年度前の各事業年度のう
ち、その計画の認定を受けた日以後に終了する各事業年度のその法人
のその計画の認定に係る特定業務施設のみをその法人の事業所とみな

した場合における基準雇用者数について記載された所轄労働局又は公共職業安定所の長が交付する雇用促進計画の達成状況を確認した旨の書類の写しを確定申告書等に添付することによって証明された基準雇用者数の合計数とされます。

Q2　適用要件の見直し

わが国は急速な人口減少局面にあり、その傾向は地方においてより顕著となっています。東京一極集中を是正する観点から、雇用促進税制について、適用要件の見直しが行われたそうですが、その内容について教えて下さい。

POINT

適用対象となる事業年度、地方事業所特別基準雇用者数に係る措置における地方事業所特別基準雇用者数及び事業主都合による離職者がいないこととの適用要件の見直しが行われます。

A 雇用促進税制について、東京一極集中を是正する観点から、地方に移転する企業の実態を踏まえて、次に掲げる適用要件が見直されます。

なお、所得税も同様とされます（措法10の5、措令5の6）。

① 適用対象となる事業年度

地方活力向上地域等特定業務施設整備計画が特定業務施設の新設に係るものである場合には、その特定業務施設を事業の用に供した日から同日の翌日以後2年を経過する日までの期間（改正前：計画の認定を受けた日から同日の翌日以後2年を経過する日までの期間）内の日を含む事業年度とされます（措法42の12⑥三・七）。

② 地方事業所特別基準雇用者数に係る措置における地方事業所特別基準雇用者数

移転型事業に関する計画の認定を受けた事業者の適用年度及びその適用

年度前の各事業年度のうち、その事業者のその計画の認定を受けた日（その計画の認定に係る地方活力向上地域等特定業務施設整備計画が特定業務施設の新設に係るものである場合には、その特定業務施設を事業の用に供した日）以後に終了する各事業年度のイに掲げる数のうちロに掲げる数に達するまでの数（改正前：その事業者の適用年度及びその適用年度前の各事業年度のうち、その計画の認定を受けた日以後に終了する各事業年度のイに掲げる数）の合計数とされます（措法42の12⑥十六、措令27の12③）。

イ　その事業者のその計画の認定に係る特定業務施設のみをその事業者の事業所とみなした場合における基準雇用者数として証明がされた数

ロ　その事業者のその計画の認定に係る特定業務施設のみをその事業者の事業所と、その事業者の特定雇用者のみをその事業者の雇用者と、それぞれみなした場合における基準雇用者数として証明がされた数

③　事業主都合による離職者がいないこととの要件

判定対象となる事業年度を対象年度及びその対象年度開始の日前２年（改正前：１年）以内に開始した各事業年度とされます（措法42の12⑧）。

Q3 地方活力向上地域等特定業務施設整備計画に係る認定要件の見直し

雇用促進税制について、地方活力向上地域等特定業務施設整備計画に係る認定要件の見直しが行われたそうですが、その内容について教えて下さい。

POINT

特定業務施設の範囲の拡充及び移転型事業に係る転勤者に関する認定要件の見直しが行われます。

A 地方活力向上地域等特定業務施設整備計画に係る認定要件について、次に掲げる見直しが行われます。

①　特定業務施設の範囲の拡充

特定業務施設の範囲に次の部門のために使用される事務所が追加されます。

　イ　商業事業部門（専ら業務施設内において情報通信技術等を利用して対面以外の方法により行われる販売若しくは役務提供の勧誘、販売、契約締結等に関する業務、営業管理若しくは市場調査に関する業務又は購買管理若しくは購買企画に関する業務を行う部門に限ります。）

　ロ　サービス事業部門（調査企画、情報処理、研究開発、国際事業その他管理の業務の受託に関する業務を行う部門に限ります。）

② 移転型事業に係る転勤者に関する要件

　「特定業務施設を事業の用に供する日の属する事業年度のその特定業務施設の増加従業員数の過半数が特定集中地域にある他の事業所からの転勤者であって、かつ、実施期間を通じたその特定業務施設の増加従業員数の4分の1以上が特定集中地域にある他の事業所からの転勤者であること」との要件について、増加従業員数の過半数が特定集中地域にある他の事業所からの転勤者であることとする期間を特定業務施設を事業の用に供する日から同日以後1年を経過する日までの期間とされます。

Q4　適用期限の延長

雇用促進税制の見直しの適用期限の延長について教えて下さい。

POINT

　令和8年3月31日まで2年延長されます。

A　地方活力向上地域等において雇用者の数が増加した場合の税額控除制度について、その適用期限が令和8年3月31日（改正前：令和6年3月31日）まで2年延長されます（措法42の12①）。

　なお、所得税についても同様とされます（措法10の5①）。

Q5　適用関係

雇用促進税制の見直しの適用関係について教えて下さい。

POINT

令和6年4月1日以後に開始する事業年度から適用されます。

A　Q2からQ4の改正は、令和6年4月1日以後に地方活力向上地域等特定業務施設整備計画について計画の認定を受ける法人のその地方活力向上地域等特定業務施設整備計画について適用され、同日前に地方活力向上地域等特定業務施設整備計画について計画の認定を受けた法人のその地方活力向上地域等特定業務施設整備計画については、なお従前の例によります（令和6年改正法附則43）。

また、個人についても同様とされます（令和6年改正法附則25）。

なお、Q2からQ4の改正に伴い、特別償却制度を法人住民税及び法人事業税に、税額控除制度を中小企業者等に係る法人住民税に適用することとされます。

17　カーボンニュートラルに向けた投資促進税制の拡充等

Q 1　改正前制度の概要

　気候変動問題について、経済社会システムの変革を通じて環境・エネルギー上の諸課題に対応し、環境と成長の好循環を実現することが不可欠と考えられます。

　令和３年度税制改正では、「2050年カーボンニュートラル」という高い目標に向けて、産業競争力強化法において新たに「認定エネルギー利用環境負担低減事業適応計画」が創設され、生産プロセスの脱炭素化に寄与する設備や脱炭素化を加速する製品を早期に市場投入することでわが国事業者による新たな需要の開拓に寄与することが見込まれる製品を生産する設備投資を促進するため、事業適応設備を取得した場合等の特別償却又は特別税額控除制度（カーボンニュートラルに向けた投資促進税制）が創設されたそうですが、その改正前制度の概要について教えて下さい。

> **POINT**
>
> 　2050年カーボンニュートラルの実現に向けて、企業の脱炭素化投資を加速するため、①脱炭素化効果が高い製品の生産性設備、②生産工程等の脱炭素化と付加価値向上を両立する設備を行った場合、税額控除（5％・10％）又は特別控除（50％）が選択適用できます。

A　　青色申告書を提出する法人で産業競争力強化法に規定する認定事業適応事業者（その認定事業適応計画（エネルギー利用環境負担低減事業適応に関するものに限ります。）にその計画に従って行うエネルギー利用環境負担低減事業適応のための措置として生産工程効率化等設備等を導入する旨の記載があるものに限ります。）であるものが、同法の改正法の施行の日から令和6年3月31日までの間に、その計画に記載された生産工程効率化等設備又は需要開拓商品生産設備の取得等をして、国内にある事業の用に供した場合には、その取得価額の50％の特別償却とその取得価額の5％（温

室効果ガスの削減に著しく資するものにあっては、10%）の税額控除との選択適用ができます。

　ただし、特別税額控除額は、DX投資促進税制の税額控除制度による控除税額との合計で当期の法人税額の20%が上限とされます（措法42の12の7③⑥）。

　なお、所得税についても同様とされます（措法10の5の6⑤⑨）。

　また、法人税の特別償却を法人住民税及び法人事業税に、税額控除を中小企業者等に係る法人住民税についても同様とされます（令和3年改正地法附則8）。

＜図表Ｖ－25＞　税制上の優遇措置（改正前）

対　象　設　備		税額控除割合	特別償却割合
生産工程効率化等設備（注1）	機械及び装置	5 %（注2）	50%
	器具及び備品 建物附属設備 構　　築　　物	10%（注2、3）	
需要開拓商品生産設備	機械及び装置	10%（注2）	50%

（注1）　導入される設備が事業所の経済活動炭素生産性を1%向上させることを満たすこと。
（注2）　税額控除の控除上限は、DX投資促進税制と合わせて当期の法人税額の20%が上限とされます。
（注3）　目標が10%以上向上の場合とされます。

Q2　対象設備の定義（改正前）

　Q1における生産工程効率化等設備又は需要開拓商品生産設備の改正前の定義について教えて下さい。

POINT

　生産プロセスを大幅に省エネ化・脱炭素化するための最新の設備（生産工程効率化等設備）又は脱炭素化を加速する製品を生産する設備（需

要開拓商品生産設備）に係る投資上限300億円までの投資とされていま
した。

A 　「生産工程効率化等設備」とは、産業競争力強化法の生産性向上
設備等のうち、生産工程の効率化による温室効果ガスの削減その他
の中長期環境適応に用いられるものとされていました。

　また、「需要開拓商品生産設備」とは、中長期環境適応に用いられる製品で
あって、温室効果ガスの削減に資する事業活動に特に寄与する製品その他の
我が国事業者による新たな需要の開拓に寄与することが見込まれる製品とし
て主務大臣が定める製品の生産に専ら使用される設備とされていました。

　なお、対象資産の取得価額の合計額のうち本制度の対象となる金額は500
億円を限度とされていました。

＜図表Ⅴ－26＞　対象設備の定義（改正前）

区　　分	内　　　　　容
生産工程効率化等設備	事業所等の単位で炭素排出量1単位当たりの付加価値額（経済活動炭素生産性）の目標が「3年以内に7％又は10％以上向上」を満たす計画で経済産業大臣の認定を受けたもの
需要開拓商品生産設備	①　中長期環境適応需要開拓製品の生産を行うために不可欠な機械装置であること ②　専ら中長期環境適応需要開拓製品の生産に使用されること 　（注）　燃料電池・パワー半導体等のうち、特に優れた性能を有するもの

Q3 適用対象者の見直し

　令和2年から比較すると取引先からカーボンニュートラルに向けた協力を
要請された割合は7.7％から15.4％（約55万社）と倍増しています。こうした
取引先の動きに加えて、昨今のエネルギー価格の高騰もあり、対応コストが
高いこと及び現有設備での対応が難しいこと等の取組の課題も生じていま

す。

　中小企業における取組や意識も大幅に変化しています。

　令和6年度税制改正では、これらの取組への課題に対応するため、カーボンニュートラルに向けた投資促進税制の適用対象者の見直しが行われるそうですが、その内容について教えて下さい。

┌─ **POINT** ──────────────────
　対象法人が令和8年3月31日までに事業適応計画の認定を受けた法人とされます。
└──────────────────────

 　適用対象となる法人を産業競争力強化法等の一部を改正する等の法律の施行の日から令和8年3月31日までの間にされた産業競争力強化法の認定に係る同法に規定する認定事業適応事業者であるものとされます（措法42の12の7①、産業強化法21の28）。

　なお、所得税についても同様とされます（措法10の5の6①）。

Q4 適用対象資産等の見直し

　Q3に掲げる取組への課題に対応するために、適用対象資産等の見直しが行われるそうですが、その内容について教えて下さい。

┌─ **POINT** ──────────────────
　需要開拓商品生産設備並びに生産工程効率化等設備のうち市場に流通している照明設備及び対人空調設備が除外されます。
　また、一定の鉄道用車両が追加されます。
└──────────────────────

 　次に掲げる適用対象資産等の見直しが行われます（措法42の12の7③⑥）。

　なお、所得税についても同様とされます（措法10の5の6⑤⑨）。

①　対象資産をその認定を受けた日から3年以内に、取得等をして、事業の

用に供する資産とされます。

②　令和6年4月1日前に認定の申請がされた認定エネルギー利用環境負荷低減事業適応計画に記載された生産工程効率化等設備で同日以後に取得等をされたものが除外されます。

③　適用対象資産である生産工程効率化等設備の範囲に、一定の鉄道用車両が追加されます。

④　適用対象資産から、需要開拓商品生産設備が除外されます。

⑤　適用対象資産から、生産工程効率化等設備のうち市場に流通している照明設備及び対人空調設備が除外されます。

Q5　特別償却割合及び特別税額控除割合の見直し

Q3に掲げる取組への課題に対応するために、特別償却割合及び特別税額控除割合の見直しが行われるそうですが、その内容について教えて下さい。

POINT

生産工程効率化等設備の特別税額控除割合が10％（エネルギーの利用による環境への負荷の低減に著しく資する一定のものについては、14％）とされます。

A　中小企業者（適用除外事業者に該当するものを除きます。以下同じ。）が生産工程効率化等設備の取得等をする場合の特別償却割合及び特別税額控除割合が、認定エネルギー利用環境負荷低減事業適応計画に記載された次に掲げる炭素生産性向上率の区分に応じそれぞれ次に掲げる割合とされます（措法42の12の7③⑥）。

なお、所得税についても同様とされます（措法10の5の6⑤⑨）。

①　炭素生産性向上率17％以上の場合…特別償却割合50％又は税額控除割合14％

②　炭素生産性向上率10％以上17％未満の場合…特別償却割合50％又は税額控除割合10％

Q6　事業対応計画の認定要件の見直し

　Q3に掲げる取組への課題に対応するために、事業対応計画の認定要件の見直しが行われるそうですが、その内容について教えて下さい。

POINT

　事業所等の炭素生産性向上率に係る要件及び生産工程効率化等設備の取得等をする場合の税額控除率を引き上げる措置の適用要件が引き上げられます。

A　次に掲げる事業対応計画の認定要件の見直しが行われます。

①　事業適応計画（生産工程効率化等設備の導入を伴うエネルギー利用環境負荷低減事業適応に関するものに限ります。以下同じ。）の認定要件のうち事業所等の炭素生産性向上率に係る要件について、炭素生産性向上率が15％以上（中小企業者にあっては、10％以上）（改正前：7％以上）に引き上げられます。

②　中小企業者以外の法人における生産工程効率化等設備の取得等をする場合の税額控除率を引き上げる措置の適用要件について、事業所等の炭素生産性向上率が20％以上（改正前：10％以上）に引き上げられます。

③　事業適応計画の認定要件のうち事業所等の炭素生産性向上率に係る要件及び特別税額控除割合を引き上げる措置の適用要件について、上記①及び②のほか、事業所等の炭素生産性向上率を計算する際に電気の排出係数による影響等を除外する等の見直しが行われます。

Q7　適用関係

　Q3からQ6におけるカーボンニュートラルに向けた投資促進税制の適用対象者等の見直しの適用関係について教えて下さい。

POINT

　令和6年4月1日以後に取得等する生産工程効率化等設備について適用されます。

A　　Q3からQ6の改正は、法人が令和6年4月1日以後に取得又は製作若しくは建設をする生産工程効率化等設備について適用され、法人が令和6年4月1日前に取得等をした生産工程効率化等設備等については、なお従前の例によります（令和6年改正法附則27①・44①）。

　なお、Q3からQ6の改正に伴い、特別償却制度を法人住民税及び法人事業税に、税額控除制度を中小企業者等に係る法人住民税に適用することとされます。

18　中小企業経営強化税制の対象資産の縮小

Q₁　改正前制度の概要

改正前の中小企業者等が特定経営力向上設備等を取得した場合の特別償却又は特別税額控除制度（いわゆる中小企業経営強化税制）の概要について教えて下さい。

POINT

　中小企業者等は特別償却（即時償却）又は特別税額控除（7％）制度、特定中小企業者等は特別償却（即時償却）又は特別税額控除（10％）制度の選択適用ができます。

A　中小企業者等（「中小企業投資促進税制」の中小企業者等又は「商業・サービス業・農業水産業活性化税制」の中小企業者に準ずるもので青色申告書を提出するもののうち、中小企業等経営強化法の経営力向上計画の認定を受けたもの）が、平成29年4月1日から令和7年3月31日までの間に、生産等設備を構成する機械装置、工具、器具備品、建物附属設備及びソフトウエアで、経営力向上設備等（経営力の向上に著しく資するものとして中小企業等経営強化法に規定される「生産性向上設備（A類型）」、「収益力強化設備（B類型）」、「デジタル化設備（C類型）」及び「経営資源集約化設備（D類型）」とされます。）に該当するもののうち、一定の規模以上のもの（以下「特定経営力向上設備等」といいます。）の取得等をして、その中小企業者等の営む指定事業の用に供した場合には、その取得価額から普通償却限度額を控除した金額までの特別償却（即時償却）とその取得価額の7％（資本金の額等が3,000万円以下の特定中小企業者等にあっては、10％）の特別税額控除との選択適用ができます（旧措法42の12の4①②、旧措規20の9①、経営強化法13④、経営強化規8②・16①三・②三）。

　ただし、特別税額控除額の上限については、本制度及び「中小企業投資促進税制（措法42の6）」の特別税額控除における控除税額の合計で、当期の法人税額の20％を限度とし、控除できなかった金額については1年間の繰越しができます（旧措法42の12の4③④）。

なお、所得税についても同様とされます（旧措法10の5の3④⑤）。

＜図表Ｖ－27＞　経営力向上設備等の範囲

	生産性向上設備（A類型）	収益力強化設備（B類型）	デジタル化設備（C類型）	経営資源集約化設備（D類型）
要件	生産性が旧モデル比年平均1％以上向上する設備	投資収益率が年平均5％以上の投資計画に係る設備	遠隔操作、可視化又は自動制御化のいずれかに該当する設備	修正ROA又は有形固定資産回転率が一定以上上昇する経営力向上計画に係る設備
対象設備	①　機械装置 ②　測定工具及び検査工具 ③　器具備品（注1） ④　建物附属設備（注2） ⑤　ソフトウエア（注3）	①　機械装置 ②　工具 ③　器具備品（注1） ④　建物附属設備（注2） ⑤　ソフトウエア		
適用要件	①　中小企業等経営強化法の認定 ②　最低取得価額以上（注4） ③　販売が開始された時期に係る要件 ④　経営力向上要件	①　中小企業等経営強化法の認定 ②　最低取得価額以上（注4） ③　経営力向上に係る投資利益率要件		
確認者	工業会等（証明書の発行）	経済産業局（確認書の発行）		
手続規定		①　適用を受ける者が申請書を作成 ②　税理士等が事前確認書を発行 ③　適用を受ける者が経済産業局に確認書発行を申請 ④　経済産業局が確認書を発行		

（注１）　一定の電子計算機及び医療機器を除きます。

（注２）　医療保健業者が取得等するものを除きます。

（注３）　設備の稼働状況等に係る情報収集機能及び分析・指示機能を有するものに限ります。

（注４）　最低取得価額要件

① 機械装置：１台又は１基の取得価額が160万円以上のもの

② 工具：１台又は１基の取得価額が30万円以上のもの

③ 器具及び備品：１台又は１基の取得価額が30万円以上のもの

④ 建物附属設備：一の取得価額が60万円以上のもの

⑤ ソフトウエア：一の取得価額が70万円以上のもの

Q2　対象資産の縮小

令和６年度税制改正では、対象資産のうち遠隔操作、可視化又は自動制御化に関する投資計画に記載された投資の目的を達成するために必要不可欠な設備の対象資産が見直されたそうですが、その内容について教えて下さい。

POINT

対象資産が縮小等されます。

A　中小企業経営強化税制について、対象資産のうち遠隔操作、可視化又は自動制御化に関する投資計画に記載された投資の目的を達成するために必要不可欠な設備（デジタル化設備）から、次に掲げる設備が除外されます。

なお、所得税についても同様とされます。

① 農業の生産性の向上のためのスマート農業技術の活用の促進に関する法律の生産方式革新実施計画の認定を受けた農業者等（その農業者等が団体である場合におけるその構成員等を含みます。以下同じ。）が取得等をする農業の用に供される設備

② 生産方式革新実施計画の認定を受けた農業者等に係るスマート農業技術活用サービス事業者が取得等をする農業者等の委託を受けて農作業を行う事業の用に供される設備

Q₃ 適用関係

Q 2における適用対象資産の縮小の適用関係について教えて下さい。

> **POINT**
>
> 令和 6 年 4 月 1 日以後から適用されます。

A　　Q 2の改正は、令和 6 年 4 月 1 日以後に取得又は製作をする経営力向上設備等について適用され、令和 6 年 4 月 1 日前に取得等をされた経営力向上設備等については、なお従前の例によります。

　なお、Q 2の改正に伴い、特別償却制度を法人住民税及び法人事業税に、税額控除制度を法人住民税に適用することとされます。

19　農業の生産性の向上のためのスマート農業技術の活用の促進のための特別償却制度の創設

Q1　労働力人口減少に対応するスマート農業の加速化

　「農林水産業研究イノベーション戦略2023（農林水産省：令和5年6月9日）」では、ロボット、AI、IoT等の先端技術を活用した「スマート農業」は、我が国が人口減少社会に移行する中で、生産現場の課題を先端技術で解決し、生産力の向上と持続性を両立した新しい農業の形として「スマート農業推進総合パッケージ」が策定・推進中とされています。

　令和6年度税制改正では、①作業の自動化、②情報共有の簡易化、③データの活用等の生産現場の課題を先端技術で解決するため、スマート農業関連の設備投資に対して特別償却制度（生産方式革新事業活動用資産等の特別償却）が創設されたそうですが、その内容について教えて下さい。

POINT

　スマート農業技術の活用を促進するために、生産方式革新実施計画の認定を受けた農業者等が、生産方式革新事業活動用資産等の取得等をして、生産方式革新事業活動の用に供した場合には、その取得価額の32％（建物等については16％）の特別償却ができることとされます。

A　青色申告書を提出する事業者で農業の生産性の向上のためのスマート農業技術の活用の促進に関する法律に規定する認定生産方式革新事業者であるものが、同法の施行の日から令和9年3月31日までの間に、その認定生産方式革新事業者として行う生産方式革新事業活動等の用に供するための次に掲げる機械その他の減価償却資産（以下「生産方式革新事業活動用資産等」といいます。）の取得等をして、その事業者のその生産方式革新事業活動等の用に供した場合には、次に掲げる生産方式革新事業活動用資産等の区分に応じそれぞれ次に定める金額の特別償却ができることとされます（措法44の5）。

なお、所得税も同様とされます（措法11の５）。

①　認定生産方式革新実施計画に記載された設備等を構成する機械装置、器具備品、建物等及び構築物のうち、農作業の効率化等を通じた農業の生産性の向上に著しく資する一定のもの…その取得価額の100分の32（建物等及び構築物については、100分の16）相当額

②　認定生産方式革新実施計画に記載された設備等を構成する機械装置のうち、その認定生産方式革新実施計画に係る農業者等が行う生産方式革新事業活動の促進に特に資する一定のもの…その取得価額の100分の25相当額

Q2　減価償却資産の範囲

Ｑ１①における減価償却資産の範囲について教えて下さい。

> **POINT**
>
> 　認定生産方式革新実施計画に記載された設備等を構成する機械装置、器具備品、建物等及び構築物のうち、農作業の効率化等を通じた農業の生産性の向上に著しく資する一定のものとされます。

A　Ｑ１①に掲げる農作業の効率化等を通じた農業の生産性の向上に著しく資する減価償却資産とは、それぞれ次に掲げるものとされます。

①　その生産方式革新事業活動による取組の過半がスマート農業技術の効果の発揮に必要となるほ場の形状、栽培の方法又は品種の転換等の取組であること等の要件を満たす生産方式革新事業活動の用に供されるものであること。

②　次のいずれかに該当する減価償却資産であること。

　イ　スマート農業技術を組み込んだ機械装置のうち７年以内に販売されたもの

　ロ　上記イと一体的に導入された機械装置、器具備品、建物等及び構築物のうちスマート農業技術の効果の発揮に必要不可欠なもの

Q3　機械装置の範囲

Q1②における機械装置の範囲について教えて下さい。

POINT

　認定生産方式革新実施計画に記載された設備等を構成する機械装置のうち、その認定生産方式革新実施計画に係る農業者等が行う生産方式革新事業活動の促進に特に資する一定のものとされます。

A　Q1②における認定生産方式革新実施計画に係る農業者等が行う生産方式革新事業活動の促進に特に資する措置の用に供する設備等を構成する機械装置とは、それぞれ次に掲げるものとされます。

①　その認定生産方式革新実施計画に記載された生産方式革新事業活動について、その取組に係る作付面積又は売上高が認定を受けた農業者等の行う農業に係る総作付面積又は総売上高のおおむね80％以上を占めること等の要件を満たすこと。

②　その取得予定価額が上記Q1②の措置を行う法人の前事業年度における減価償却費の額の10％以上であること等の要件を満たす設備等を構成する減価償却資産のうち次のものに該当すること。

　イ　認定生産方式革新実施計画に記載された生産方式革新事業活動を行う農業者等に対して供給する一定のスマート農業技術活用サービス（農業者等の委託を受けて行う農作業に限ります。）に専ら供される上記Q1②の減価償却資産で、は種、移植又は収穫用のもの

　ロ　認定生産方式革新実施計画に記載された生産方式革新事業活動の実施により生産された農産物の選別、調製等の作業を代替して行う一定の農産物等の新たな製造、加工、流通又は販売の方式の導入を図るための取組に専ら供される減価償却資産で、農産物の洗浄、選別等の作業用のもの

Q4 適用関係

生産方式革新事業活動用資産等の特別償却制度の適用関係について教えて下さい。

POINT

農業の生産性向上のためのスマート農業技術の活用の促進に関する法律の施行日から適用されます。

A 　Q1からQ3の改正は、農業の生産性の向上のためのスマート農業技術の活用の促進に関する法律の施行の日から適用されます（令和6年改正法附則1十四）。

20　中小企業の経営資源の集約化に資する税制の拡充等

Q1 改正前の中小企業事業再編投資損失準備金の損金算入制度の概要

令和3年度税制改正では、M＆A実施後に発生する中小企業の特有のリスク（簿外債務、偶発債務等）に備える観点から、経営資源の集約化によって生産性向上等を目指す計画の認定を受けた中小企業が準備金を積み立てたときは、損金算入を認める措置が創設されましたが、その改正前制度の概要について教えて下さい。

POINT

M＆Aを実施する場合（取得価額が10億円以下の場合に限ります。）において、株式等の取得価額の70％以下の金額を中小企業事業再編投資損失準備として積み立てたときは、その積立金額を損金算入することができます。

A 中小企業者（適用除外事業者に該当するものを除きます。）で青色申告書を提出するもののうち、産業競争力強化法等の一部を改正する等の法律の施行の日（令和3年8月2日）から令和6年3月31日までの間に中小企業等経営強化法の認定を受けたものが、その認定に係る経営力向上計画に従って行う事業承継等として他の法人の株式等の取得（購入による取得に限ります。）をし、かつ、これをその取得の日を含む事業年度終了の日まで引き続き有している場合（その取得をした株式等（以下「特定株式等」といいます。）の取得価額が10億円を超える場合を除きます。）において、その特定株式等の価格の低落による損失に備えるため、その特定株式等の取得価額の70％相当額以下の金額を中小企業事業再編投資損失準備金として積み立てたときは、その積み立てた金額は、その事業年度において損金の額に算入できることとされます（旧措法56①）。

なお、積み立てた準備金は、その株式等の全部又は一部を有しなくなった場合、その株式等の帳簿価額を減額した場合等において取り崩すほか、その

積み立てた事業年度終了の日の翌日から5年を経過した日を含む事業年度から5年間でその経過した準備金残高の均等額を取り崩して、益金算入することとされます（旧措法56②〜⑤、旧措令32の3）。

＜図表Ⅴ－28＞　中小企業事業再編投資損失準備の積立て（改正前）

Q2　中小企業の経営資源の集約化に資する税制（改正前）

　中小企業の経営資源の集約化による事業の再構築などにより、生産性を向上させ、足腰を強くする仕組みを構築していく観点から、経営資源の集約化によって生産性向上等を目指す計画に必要な事項を記載して認定を受けた中小企業は、新たな類型として中小企業経営強化税制の適用を可能とし、さらに、所得拡大促進税制の上乗せ要件に必要な計画の認定が不要とされることにより、M＆A後の積極的な投資や雇用の確保を促すこととされていますが、その現行制度の概要について教えて下さい。

POINT

　経営資源の集約化によって生産性向上等を目指す計画の認定を受けた中小企業が、その計画に基づくM＆Aを実施した場合には、①設備投資減税、②雇用確保を促す税制、③準備金の積立を認める措置が創設されます。

A　　M＆Aによる規模拡大を通じた中小企業の生産性向上及び増加する廃業に伴う地域の経営資源の散逸の回避の双方を実現するため、経営資源の集約化を促進する税制が創設されます。
　具体的には、＜図表Ⅴ－29＞に掲げる3つの措置をセットで適用することが可能とされます。

＜図表Ⅴ－29＞　中小企業の経営資源の集約化（Ｍ＆Ａ）に資する税制（改
　　　　　　　　正前）

区　　　分	制　度　の　概　要
設備投資減税 （経営資源集約化設 備：Ｄ類型）	中小企業者等は特別償却（即時償却）又は特別税額控除（7％）制度、特定中小企業者等は特別償却（即時償却）又は特別税額控除（10％）制度の選択適用可
雇用確保を促す税制 （人材確保等促進税制）	Ｍ＆Ａに伴って行われる労働移動等によって雇用者給与等支給額を対前期比で増加された場合にはその増加額の20％又は25％相当額の特別税額控除が可
準備金の積立 （リスクノ軽減）	Ｍ＆Ａ実施後に発生し得るリスク（簿外債務、偶発債務等）に備えるため中小企業事業再編投資損失準備の損金算入可

Ｑ3　グループ化に向けた複数回のＭ＆Ａへの対応

　成長意欲がある中堅・中小企業が複数の中小企業を子会社化し、親会社の強みの横展開や経営の効率化によって、グループ一体となって飛躍的な成長を遂げることが期待されています。ただし、グループ化に向けて複数回のＭ＆Ａを実施する場合、簿外債務リスクや経営統合リスクといった減損リスクが課題となっていました。

　令和6年度税制改正では、これらリスクに対応するため、中小企業事業再生投資損失準備金が拡充されたそうですが、その内容について教えて下さい。

┌─ POINT ──────────────────────────
　複数回のＭ＆Ａを実施する場合には、積立率70％から2回目には90％、3回目以降には100％に拡充され、据置期間が10年（改正前：5年）に延長されます。
└────────────────────────────────

　中小企業事業再編投資損失準備金制度について、中堅・中小企業によるグループ化に向けた複数回のＭ＆Ａを集中的に後押しするた

め、次に掲げる新たな枠が創設されます（措法56①～③）。

①　株式等の取得の日を含む事業年度終了の日においてその事業承継等に係る特定保険契約を締結している場合には、その株式等について中小企業事業再編投資損失準備金として積み立てた金額は、損金の額に算入できないこととされます。

②　準備金の取崩事由に特定保険契約を締結した場合（その特定保険契約に係る事業承継等として特定法人の株式等の取得をしていた場合に限ります。）が追加されます。また、その取崩金額はその締結した日におけるその特定法人に係る中小企業事業再編投資損失準備金の金額とされます。

③　青色申告書を提出する法人で新たな事業の創出及び産業への投資を促進するための産業競争力強化法等の一部を改正する法律の施行の日（以下「改正強化法施行日」といいます。）から令和９年３月31日までの間に産業競争力強化法の認定を受けた認定特別事業再編事業者であるものが、その認定に係る特別事業再編計画に従って行う特別事業再編のための措置として他の法人の株式等の取得（購入による取得に限ります。）をし、かつ、これをその取得の日を含む事業年度終了の日まで引き続き有している場合（その取得をした株式等（以下「特定株式等」といいます。）の取得価額が100億円を超える金額又は１億円に満たない金額である場合及び同日においてその措置に係る特定保険契約を締結している場合を除きます。）において、その特定株式等の価格の低落による損失に備えるため、その特定株式等の取得価額に次の特定株式等の区分に応じそれぞれ次に定める割合を乗じて計算した金額以下の金額を中小企業事業再編投資損失準備金として積み立てたときは、その積み立てた金額は、その事業年度において損金の額に算入できます。

　イ　その認定に係る特別事業再編計画に従って行う最初の特別事業再編のための措置として取得をした株式等…90％

　ロ　イに掲げるもの以外の株式等…100％

④　上記③において積み立てられた中小企業事業再編投資損失準備金については、特定株式等の譲渡その他の取崩事由に該当することとなった場合には、その事由に応じた金額を取り崩して益金の額に算入されます。

　　また、その積み立てられた事業年度終了の日の翌日から10年を経過したものがある場合には、その経過した準備金の金額にその事業年度の月数を乗じてこれを60で除して計算した金額を益金の額に算入されます。

⑤　中小企業等経営強化法の経営力向上計画（事業承継等事前調査に関する
事項の記載があるものに限ります。）の認定手続について、その事業承継等
に係る事業承継等事前調査が終了した後（最終合意前に限ります。）におい
てもその経営力向上計画の認定ができることとする運用の改善が行われま
す。

＜図表Ⅴ－30＞　中小企業事業再生投資損失準備金の拡充

【改正前】①中小企業による　　②据置期間（5年間）
　　　　　　株式取得価額の
　　　　　　70％までを積立

【改正後】中堅・中小企業の複数回のM＆Aを後押し
　　　　　①積立率の上限拡大　　②据置期間（大幅な長期化…10年間）
　　　　　　2回目　　…90％
　　　　　　3回目以降…100％

Q4　適用期限の延長

中小企業事業再編投資損失準備金制度の適用期限の延長について教えて下
さい。

POINT

令和9年3月31日まで3年延長されます。

A　中小企業事業再編投資損失準備金制度について、その適用期限が
令和9年3月31日（改正前：令和6年3月31日）まで3年延長され
ます（措法55の2①）。

Q5 適用関係

　Ｑ３及びＱ４における中小企業事業再編投資損失準備金制度の拡充等の適用関係について教えて下さい。

POINT

　産業競争力強化法等の一部を改正する等の法律の施行の日以後から適用されます。

A　　　Ｑ３の改正は、法人が令和６年４月１日以後に取得をする株式等について適用され、法人が令和６年４月１日前に取得をした株式等については、なお従前の例によります（令和６年改正法附則49①）。

　また、Ｑ３の改正は、法人が令和６年４月１日以後に締結する特定保険契約について適用されます（令和６年改正法附則49③）。

　Ｑ３の改正は、法人が改正強化法施行日以後に取得をする株式等について適用されます（令和６年改正法附則１十三、49②）。なお、経過措置として、令和６年４月１日から改正強化法施行日の前日までの間におけるＱ３③の規定の適用については、「青色申告書を提出する法人で次の表の各号の第一欄に掲げる法人に該当するもの」とあるのは「中小企業者（適用除外事業者に該当するものを除きます。）で青色申告書を提出するもののうち、令和３年８月２日から令和９年３月31日までの間に経営力向上計画の認定（経営強化法17①・④二）を受けたもの」と、租税特別措置法56条３項７号中「の表の各号の第二欄に掲げる措置」とあるのは「に規定する事業承継等」とされます（令和６年改正法附則49④）。

　なお、Ｑ３及びＱ４の改正に伴い、特別償却制度を法人住民税及び法人事業税に、税額控除制度を中小企業者等に係る法人住民税に適用することとされます。

21　中小企業者等以外の法人の欠損金の繰戻しによる還付の不適用措置の延長

Q 1　改正前制度の概要

　欠損金の繰戻しによる還付制度が不適用となっているそうですが、その改正前の制度概要について教えて下さい。

POINT

　中小企業者等以外は、その適用が停止されています。

A　青色申告法人の欠損金については、欠損事業年度開始の日前1年以内に開始したいずれかの事業年度の所得に対する法人税の繰戻し還付をすることができます（法法80）。

　なお、平成4年4月1日から令和5年3月31日までの間に終了する各事業年度において生じた欠損金については、解散、事業の全部譲渡又は更生手続の開始等の事実が生じた場合を除いて、繰戻し還付制度は停止されています（旧措法66の12①）。

　ただし、平成21年度税制改正により欠損金の繰戻しによる還付の不適用措置について、対象から中小企業者等が除外されたため、平成21年2月1日以後に終了する各事業年度において生じた欠損金額について、欠損金の繰戻しによる還付制度の適用ができることとなりました（平成21年改正法附則47）。

Q 2　適用期限の延長等

　中小企業者等以外の法人の欠損金の繰戻しによる還付の不適用措置の適用期限の延長等について教えて下さい。

POINT

　適用期限が2年延長されます。

A　中小企業者の欠損金等以外の欠損金の繰戻しによる還付制度の不適用措置について、その適用期限が令和 7 年 3 月31日（改正前：令和 5 年 3 月31日）まで 2 年延長されます（措法66の12①）。

　また、対象から銀行等保有株式取得機構の欠損金額を除外する措置の適用期限が令和 7 年 3 月31日（改正前：令和 5 年 3 月31日）まで 2 年延長されます。

22　特別償却等に関する複数の規定の不適用措置の見直し

Q1 基準所得税額の定義

特別償却等に関する複数の規定の不適用措置の見直しについて教えて下さい。

┌ **POINT** ─────────────────────

特別償却等に関する複数の規定の不適用措置について、異なる事業年度であっても、法人の有する一の減価償却資産につき特別償却等に関する制度のうち複数の制度の適用ができないこととされます。

A 特別償却等に関する複数の規定の不適用措置について、法人の有する減価償却資産につきその事業年度前の各事業年度において特別償却又は特別税額控除の規定のうちいずれか一の規定の適用を受けた場合には、その減価償却資産については、そのいずれか一の規定以外の特別償却又は特別税額控除の規定は、適用しないこととされます（措法53③⑤）。

なお、所得税についても同様とされます（措法19③）。

Q2 適用関係

Q1における特別償却等に関する複数の規定の不適用措置の見直しの適用関係について教えて下さい。

┌ **POINT** ─────────────────────

令和6年4月1日以後に開始する事業年度から適用されます。

A　　Q1の改正は、法人の令和6年4月1日以後に開始する事業年度の所得に対する法人税について適用され、同日前に開始した事業年度の所得に対する法人税については、なお従前の例によります（令和6年改正法附則38）。

また、個人については令和7年分以後の所得税について適用され、令和6年分以前の所得税については、なお従前の例によります（令和6年改正法附則28）。

23　現物出資制度の見直し

 適格現物出資の対象範囲の見直し

　内国法人が外国法人の本店等に国内資産等（国内不動産等その他国内にある事業所に属する資産（25％以上を有する外国法人株式等を除きます。））の移転を行う現物出資については適格現物出資の対象外（非適格）とされていますが、国外資産等（国外にある事業所に属する資産（国内不動産等を除きます。）又は負債）の移転を行う現物出資については適格現物出資の対象とされています。

　ただし、国外資産等のうち、無形資産等については、資産価値が形成された場所から容易に分離することが可能とされ、国外の事業所に属するとしても価値の創出の一部が国内において行われているという実態を踏まえるとその資産の含み益が海外に持ち出されることによる課税上の弊害が問題とされていました。

　令和6年度税制改正では、我が国の課税権を確実に確保する観点から、無形資産等の移転を行う適格現物出資の範囲が見直されたそうですが、その内容について教えて下さい。

POINT

　内国法人が外国法人の本店等に無形資産等の移転を行う現物出資について、適格現物出資の対象から除外されます。

A　適格現物出資の対象となる現物出資から、外国法人に内国法人の無形資産等の移転を行うもの（その無形資産等の全部がその外国法人の恒久的施設を通じて行う事業に係る資産となる一定のものを除きます。）が除外されます（法法2十二の十四）。

　なお、「無形資産等」とは、次の①②に掲げる資産で、独立の事業者の間で通常の取引の条件に従って譲渡、貸付け等が行われるとした場合にその対価が支払われるべきものとされます（法令4の3⑩）。

① 工業所有権その他の技術に関する権利、特別の技術による生産方式又は
　これらに準ずるもの（これらの権利に関する使用権が含まれます。）
② 著作権（出版権及び著作隣接権その他これに準ずるものが含まれます。）

＜図表Ⅴ－31＞　適格現物出資の範囲の見直し

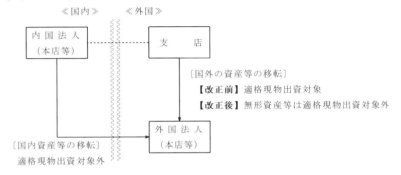

Q2　対象資産の内外判定の見直し

　Q1における現物出資によって移転する資産等の内外判定の執行上の安定
を図るため、外国法人に対して我が国の課税権が及ぶか否かの判定と一致さ
せる見直しが行われたそうですが、その内容について教えて下さい。

POINT

　「事業所」ではなく、外国税額控除制度及び国内源泉所得課税におい
て用いられる「法人の本店等」及び「恒久的施設（PE）」によることとさ
れます。

A　　　対象となる現物出資に該当するかどうかを判定する際の現物出資
により移転する資産（国内不動産等を除きます。）又は負債の内外判
定は、内国法人の本店等若しくは外国法人の恒久的施設を通じて行う事業に
係る資産若しくは負債又は内国法人の国外事業所等若しくは外国法人の本店
等を通じて行う事業に係る資産若しくは負債のいずれに該当するかによるこ
ととされます（法法2十二の十四、法令4の3⑪⑫）。

＜図表Ⅴ－32＞　資産等の内外判定

区　分	改　正　前	改　正　後
国内資産等	国内不動産等その他国内にある事業所に属する資産（25％以上を有する外国法人株式等を除きます。）（注）	国内不動産等その他内国法人の本店等又は外国法人の国内のPEを通じて行う事業に係る資産（25％以上を有する外国法人株式等を除きます。）
国外資産等	国外にある事業所に属する資産（国内不動産等を除きます。）等	外国法人の本店等又は内国法人の国外のPEを通じて行う事業に係る資産（国内不動産等を除きます。）

（注）　資産等が国内にある事業所又は国外にある事業所のいずれの事業所の帳簿に記帳されているか等により判定。

Q3　適用関係

　Q１及びQ２における現物出資制度の見直しの適用関係について教えて下さい。

POINT

　令和６年10月１日以後に行われる現物出資について適用されます。

A　Q１及びQ２の改正は、令和６年10月１日以後に行われる現物出資について適用され、令和６年10月１日前に行われた現物出資については、なお従前の例によります（令和６年改正法附則１三イ・６、令和６年改正法令附則１一・２）。

24　適用期限の延長・廃止等

Q 1　適用期限が延長・廃止等される措置

　法人課税について適用期限が延長又は廃止等される特別措置について教え
て下さい。

> **POINT**
>
> 　以下の特別措置について適用期限が延長、廃止又は縮減されます。

A　　1　特定事業活動として特別新事業開拓事業者の株式の取得をした
　　　　場合の課税の特例（いわゆるオープンイノベーション促進税制）
の適用期限が令和8年3月31日（改正前：令和6年3月31日）まで2年延
長されます（措法66の13①）。

2　国庫補助金等で取得した固定資産等の圧縮額の損金算入制度について、
　対象となる国庫補助金等の範囲に次の助成金が追加されます
　　なお、所得税についても同様とされます。

①　経済施策を一体的に講ずることによる安全保障の確保の推進に関する
　法律に基づく独立行政法人エネルギー・金属鉱物資源機構又は国立研究
　開発法人新エネルギー・産業技術総合開発機構の助成金で供給確保計画
　の認定を受けた者が行う認定供給確保事業に必要な資金に充てるための
　もの

②　国立研究開発法人新エネルギー・産業技術総合開発機構法に基づく助
　成金で再生可能エネルギー熱の面的利用システム構築に向けた技術開発
　等に係るもの

3　認定株式分配に係る課税の特例について、次に掲げる見直しを行った上、
　その適用期限が4年延長されます。

①　主務大臣による認定事業再編計画の内容の公表時期について、その認
　定の日からその認定事業再編計画に記載された事業再編の実施時期の開

始の日まで（改正前：認定の日）とされます。

②　認定株式分配が適格株式分配に該当するための要件に、その認定株式分配に係る完全子法人が主要な事業として新たな事業活動を行っていることとの要件が追加されます。

4　環境負荷低減事業活動用資産等の特別償却制度について、基盤確立事業用資産に係る措置につき次の見直しを行った上、制度の適用期限を令和8年3月31日（改正前：令和6年3月31日）まで2年延長されます（措法44の4①②）。

　　なお、所得税についても同様とされます（措法11の4①②）。

①　対象資産を、専ら化学的に合成された肥料又は農薬に代替する生産資材（普及が十分でないものに限ります。）を生産するために用いられる機械等及びその機械等と一体的に整備された建物等であることにつき基盤確立事業実施計画の認定の際に確認が行われたものとされます。

②　この措置の適用を受けようとする法人は、確定申告書等に認定基盤確立事業実施計画の写しを添付しなければならないこととされます。

5　公益法人等の収益事業に係る課税について、次に掲げる①②の見直しが行われます。

①　次に掲げるイ及びロの事業が収益事業から除外されます。

　　イ　広域的運営推進機関が電気事業法の広域系統整備交付金交付等業務として行う金銭貸付業

　　ロ　国民健康保険団体連合会が次の者から委託を受けて行う請負業でその委託が法令の規定に基づき行われるものであること等の一定の要件に該当するもの

　　（イ）　国又は地方公共団体（後期高齢者医療広域連合を含みます。）

　　（ロ）　全国健康保険協会、健康保険組合、国民健康保険組合、国家公務員共済組合、地方公務員共済組合又は日本私立学校振興・共済事業団

　　（ハ）　社会保険診療報酬支払基金又は独立行政法人環境再生保全機構

　　（ニ）　国民健康保険団体連合会をその会員とする一定の法人

②　収益事業から除外される公的医療機関に該当する病院等を設置する農

業協同組合連合会が行う医療保健業の要件について、次の見直しが行わ
れます。

　　イ　特別の療養環境に係る病床数の割合に係る要件について、その割
　　　　合が療担規則及び薬担規則並びに療担基準に基づき厚生労働大臣が
　　　　定める掲示事項等における特別の療養環境の提供に関する基準に適
　　　　合していることとされます。

　　ロ　社会保険診療等に係る収入金額の合計額が全収入金額の80％を超
　　　　えることとの要件が追加されます。

Ⅵ　消費課税

1　国境を越えたデジタルサービスに対する消費税の課税方式の見直し

Q₁　プラットフォーム課税の導入

　アプリやゲームなどのデジタルサービス市場の拡大によりその市場規模は令和6年に約5兆円に達すると予想され、プラットフォームを介して多くの国外事業者が国内市場に参入している中で、国外事業者の納めるべき消費税の捕捉や調査・徴収が課題となっています。こうした課題に対し、欧州、アジア、北米などの諸外国では、事業者に代わってプラットフォームを運営している事業者に付加価値税の納税義務を課す制度（プラットフォーム課税）が導入されています。

　令和6年度税制改正では、国内外の事業者間の競争条件の公平性や適正な課税を確保する観点から、プラットフォーム課税が導入されるそうですが、その内容について教えて下さい。

> **POINT**
>
> 　デジタルプラットフォームを介して国外事業者が行うデジタルサービス（消費者向けの電気通信利用役務の提供）について、プラットフォーム事業者自身が提供されたものとみなされ、そのデジタルサービスに係る消費税について、国外事業者に代わり納税義務が課されます。

A　国外事業者が国内において行う電気通信利用役務の提供（リバースチャージの対象となる事業者向け電気通信利用役務の提供に該当するものを除きます。以下同じ。）がデジタルプラットフォームを介して行われるものであって、その対価について国税庁長官の指定を受けたプラットフォーム事業者（以下「特定プラットフォーム事業者」といいます。）を介してその対価を収受するものである場合には、特定プラットフォーム事業者がその電気通信利用役務の提供を行ったものとみなされます（消法15の2①）。

なお、地方消費税についても同様とされます（地法72の80の３）。

<図表Ⅵ－１＞　プラットフォーム課税の導入

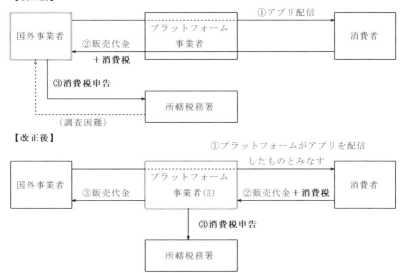

（注）　対象を国外事業者によるデジタルサービスの取引高が50億円超のプラットフォーム事業者に限定します。

Q2 国税庁長官の指定等

Q１における特定プラットフォーム事業者の指定等について教えて下さい。

POINT

　執行管轄権の及ばない国外事業者に対する適正な課税を念頭に置いた制度であるため、対象を国外事業者によるデジタルサービスの取引高が50億円超の事業者に限定し、プラットフォーム事業者を国税庁長官が指定・通知及び公表することとされます。

A　国税庁長官は、プラットフォーム事業者のその課税期間において、その提供するデジタルプラットフォームを介して国外事業者が国内において行う電気通信利用役務の提供に係る対価の額のうち、そのプラットフォーム事業者を介して収受するものの合計額（その課税期間が1年に満たない場合には、その合計額をその課税期間の月数（その月数は、暦に従って計算し、1月に満たない端数を生じたときは、これを1月とします。）で除し、これに12を乗じて計算した金額））が50億円を超える場合には、そのプラットフォーム事業者を特定プラットフォーム事業者として指定します。この場合において、その指定は、Q3の届出書の提出期限（その提出期限までにその届出書の提出がない場合にあっては、その指定に係る通知を発した日）から6月を経過する日の属する月の翌月の初日に、その効力が生じます（消法15の2②）。

　また、国税庁長官は、特定プラットフォーム事業者を指定したときは、その特定プラットフォーム事業者に対してその旨を通知するとともに、その特定プラットフォーム事業者に係るデジタルプラットフォームの名称等についてインターネットを通じて速やかに公表することとされます（消法15の2④）。

Q3 手続規定

　Q1における特定プラットフォーム事業者の手続規定について教えて下さい。

> **POINT**
>
> 　特定プラットフォーム事業者は、確定申告書の提出期限までに届出書の提出義務があります。

A　特定プラットフォーム事業者の指定を受けるべき者は、その課税期間に係る確定申告書の提出期限までに、一定の事項を記載した届出書をその納税地を所轄する税務署長を経由して国税庁長官に提出しなけれ

ばなりません。ただし、その課税期間の末日において特定プラットフォーム事業者である者については、この限りではありません（消法15の2③）。なお、特定プラットフォーム事業者は、確定申告書にＱ１の対象となる金額等を記載した明細書を添付するものとします。

また、国税庁長官は、特定プラットフォーム事業者を指定したときは、その特定プラットフォーム事業者に対してその旨を通知するとともに、その特定プラットフォーム事業者に係るデジタルプラットフォームの名称等について速やかに公表しなければならないこととされます（消法15の2④）。その通知を受けた特定プラットフォーム事業者は、Ｑ１の適用対象となる国外事業者に対して、Ｑ１が適用されることとなる旨及びその年月日を通知するものとされます（消法15の2⑤）。

Q4 適用関係

Ｑ１からＱ３における国境を越えたデジタルサービスに対する消費税の課税方式の見直しの適用関係について教えて下さい。

POINT

　令和７年４月１日以後から適用されます。また、特定プラットフォーム事業者の指定制度に係る事前の指定及び届出については、経過措置が設けられます。

A　Ｑ１の改正は、令和７年４月１日以後に国内において行われる電気通信利用役務の提供について適用され、同日前に国内において行われた電気通信利用役務の提供については、なお従前の例によります（令和６年改正法附則13⑥、令和６年改正地法附則９）。

　Ｑ２及びＱ３の規定は、令和６年４月１日を含む課税期間（その課税期間が令和６年８月１日以後に終了する課税期間である場合にあっては、その課税期間の前課税期間とされます。以下「施行時判定期間」といいます。）以後

の課税期間について適用されます。この場合において、施行時判定期間についてのＱ２の適用については、「その課税期間に係る第45条第１項の規定による申告書の提出期限(同項の規定による申告の義務がない場合にあっては、当該申告の義務があるとした場合の同項の規定による申告書の提出期限)」とあるのは、「令和６年９月30日」とされます(令和６年改正法附則13⑦)。

　また、施行時判定期間に係るＱ２の指定が令和６年12月31日までに行われた場合には、その指定は、令和７年４月１日に、その効力が生じます(令和６年改正法附則13⑧)。

2　国外事業者に係る租税回避の防止策の強化

Q₁ 事業者免税点制度の特例の見直し

　国外事業者により、本来の趣旨に沿わない形で事業者免税点を適用して、売り手が消費税の納税をせず買い手が仕入税額控除を行う、いわゆる「納税なき控除」による租税回避行為が行われており問題となっています。

　令和6年度税制改正では、国外事業者により行われている事業者免税点制度を利用した租税回避の防止策が強化されたそうですが、その内容について教えて下さい。

POINT

　特定期間の特例、新設法人の特例、特定新規設立法人の特例の適用ができないこととされます。

A 　事業者の事務処理能力等を踏まえて事業者免税点制度を適用しない特定制度について、次の①～③に掲げる見直しが行われます。
① 「特定期間における課税売上高による納税義務の免除の特例（消法9の2）」について、課税売上高に代わり適用可能とされている給与支払額による判定の対象から国外事業者が除外されます（消法9の2③）。

＜図表Ⅵ－2＞　納税義務の免除及び納税義務の免除の特例

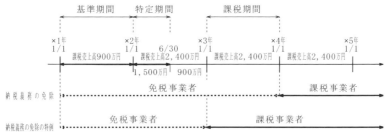

② 「資本金1,000万円以上の新設法人に対する納税義務の免除の特例（消法12の2）」の規定について、その事業年度の基準期間がある外国法人が、その基準期間の末日の翌日以後に国内において課税資産の譲渡等に係る事業を開始した場合には、その事業年度については、基準期間がないものとみ

なして、これらの特例が適用されます（消法12の2③）。
③　「資本金1,000万円未満の特定新規設立法人に対する納税義務の免除の特例（消法12の3）」の規定について、本特例の対象となる特定新規設立法人の範囲に、その事業者の国外分を含む収入金額が50億円超である者が直接又は間接に支配する法人を設立した場合のその法人が追加されます（消法12の3①④、消令25の4）。

　また、外国法人が基準期間を有する場合であっても、国内における事業の開始時に本特例の適用の判定を行うこととされます（消法12の3⑤）。

＜図表Ⅵ－3＞　　特定新規設立法人の納税義務の免除の特例

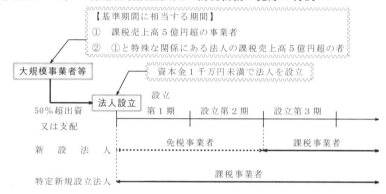

Q₂　適用関係

　Q1における事業者免税点制度の特例の見直しの適用関係について教えて下さい。

POINT

令和6年10月1日以後に開始する事業年度から適用されます。

A　Q1①の改正は、令和6年10月1日以後に開始する個人事業者（消法2①三）のその年又は法人（人格のない社団等を含みます。以下同じ）のその事業年度（消法2①十三）について適用され、同日前に開始した個人事業者のその年又は法人のその事業年度については、なお従前の例によ

ります（令和 6 年改正法附則13）。

　Q 1 ②の改正は、令和 6 年10月 1 日以後に開始する事業年度から適用されます（令和 6 年改正法附則13②）。

　Q 1 ③の改正は、令和 6 年10月 1 日以後に開始する事業年度から適用され、同日前に開始した事業年度については、なお従前の例によります（令和 6 年改正法附則13③）。

Q3 簡易課税制度の見直し

　恒久的施設を有しない国外事業者については、国内における課税仕入れ等が一般的には想定されず、業種毎のみなし仕入れ率による控除が適切ではないと考えられます。

　令和 6 年度税制改正では、これら国外事業者における簡易課税制度の適用が見直されたそうですが、その内容について教えて下さい。

POINT

　簡易課税制度の適用ができないこととされます。

A　その課税期間の初日において所得税法又は法人税法上の恒久的施設を有しない国外事業者については、簡易課税制度の適用を認めないこととされます（消法37①）。

Q4 適用関係

　Q 3 における簡易課税制度の見直しの適用関係について教えて下さい。

POINT

　令和 6 年10月 1 日以後に開始する課税期間から適用されます。

A　　Ｑ３の改正は、令和６年10月１日以後に開始する課税期間から適用され、同日前に開始した課税期間については、なお従前の例によります（令和６年改正法附則13⑩）。

Q5　２割特例制度の見直し

　恒久的施設を有しない国外事業者については、国内における課税仕入れ等が一般的には想定されず、２割特例制度の適用が適切ではないと考えられます。

　令和６年度税制改正では、これら国外事業者における２割特例制度の適用が見直されたそうですが、その内容について教えて下さい。

┌─ **POINT** ─────────────────────────┐

　２割特例制度の適用ができないこととされます。

└──────────────────────────────────┘

A　　その課税期間の初日において所得税法又は法人税法上の恒久的施設を有しない国外事業者については、適格請求書発行事業者となる小規模事業者に係る税額控除に関する経過措置（いわゆる２割特例制度）の適用を認めないこととされます（平成28年改正法附則51の２①）。

Q6　適用関係

　Ｑ５における２割特例制度の見直しの適用関係について教えて下さい。

┌─ **POINT** ─────────────────────────┐

　令和６年10月１日以後に開始する課税期間から適用されます。

└──────────────────────────────────┘

A　　Ｑ５の改正は、令和６年10月１日以後に開始する課税期間について適用され、同日前に開始した課税期間については、なお従前の例によります（令和６年改正法附則63）。

3　外国人旅行者向け消費税免税制度（輸出物品販売場制度）の見直し

Q1　改正前制度の概要

改正前の輸出物品販売場における輸出物品の譲渡に係る特例の制度（いわゆる外国人旅行者向け消費税免税制度）の概要について教えて下さい。

> **POINT**
>
> 　海外から来日している外国人旅行者等の非居住者が、みやげ品等として国外へ持ち帰る目的で輸出物品販売場で購入する物品のうち、所定の方法で購入されたものは消費税が免除されます。

A　輸出物品販売場（免税店）を経営する事業者（免税事業者を除きます。）が、外国人旅行者又は駐留軍人等の非居住者に対して、その輸出物品販売場において、＜図表Ⅵ－４＞に掲げる免税対象物品で輸出するため所定の方法で購入されるものの譲渡を行った場合には、その物品の譲渡については、消費税が免除されます（消法8①、消令18①）。

　なお、輸出物品販売場を開設しようとする事業者（消費税の課税事業者に限ります。）は、その販売場ごとに、事業者の納税地を所轄する税務署長の許可を受ける必要があります（消法8⑥、消令18の2①）。

　また、令和5年度税制改正では、外国人旅行者向け免税制度における免税購入物品が国内で横流しされている事例に対応するため、免税購入された物品に係る税務署長の承認を受けないで譲渡又は譲受けがされたときは、その物品を譲り受けた者は、その物品を譲り渡した者と連帯してその免除に係る消費税額に相当する消費税を納付する義務を負うこととされました（消法8⑥）。

＜図表Ⅵ－4＞　免税販売の対象となる下限額の判定

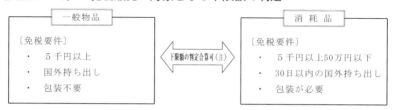

(注)　「一般物品」についても「消耗品」の免税要件を満たして販売する場合には、免税販売の対象となる購入下限額（5千円以上）を合算して判定が可能とされます。なお、「一般物品」として免税販売手続を行うことも可能とされます。

Q2　外国人旅行者向け免税制度に係る仕入税額控除の適用の見直し

　輸出物品販売場による免税販売手続が電子化され、国税庁において購入記録情報をデータで把握することが可能となり、国内での譲渡・横流しが疑われる多量・多額な免税販売・購入の実態が明らかになり、問題視されていました。

　令和6年度税制改正では、免税購入した者と買取業者が通謀して免税購入品が国内で横流しされている不正に対応するため、仕入税額控除制度が見直されたそうですが、その内容について教えて下さい。

POINT

　　輸出物品販売場において免税購入された物品について、買取業者が外国人旅行者向け消費税免税制度により免税購入された物品と知りながら行った課税仕入れについては、仕入税額控除制度の適用を認めないこととされます。

A　　事業者が行った課税仕入れに係る資産が外国人旅行者向け消費税免税制度（輸出物品販売場制度）により消費税が免除された物品に係るものである場合（その事業者が、その消費税が免除されたものであるこ

とを知っていた場合に限ります。)には、仕入税額控除制度を適用できないこととされます(消法30⑫)。

＜図表Ⅵ－5＞　外国人旅行者向け免税制度に係る仕入税額控除の適用の見直し

| 輸出物品 販売場 | 免税品購入 (多量・多額) | 免税購入対象者 (譲渡人) | 免税品の国内譲渡 | ブローカー (買取業者) |

- 　「買い子」として外国人旅行者等 をチャットアプリで募集
- 　複数人のグループで来店し同種の 商品を大量購入するケース

【改正前】仕入れた免税購入品について 仕入税額控除可

【改正後】仕入れた免税購入品について 免税購入品だと知っている場 合には仕入税額控除不可

Q3　適用関係

Q2における外国人旅行者向け免税制度に係る仕入税額控除の適用の見直しの適用関係について教えて下さい。

POINT

　令和6年4月1日以後から適用されます。

A　　Q2の改正は、令和6年4月1日以後に国内において事業者が行う課税仕入れについて適用され、同日前に国内において事業者が行った課税仕入れについては、なお従前の例によります(令和6年改正法附則13⑨)。

4　外国人旅行者向け免税制度の抜本的な見直し

 持ち出し確認方式の導入

　外国人旅行者向け免税店制度は、免税店の拡大と外国人旅行者の利便性の向上を図ることによって、インバウンド消費拡大の重要な政策ツールとなっています。ただし、多額・多量の免税購入物品が国外に持ち出されず国内での横流しが疑われる事例が多発し、出国時に免税購入物品を所持していない旅行者を捕捉し即時徴収を行っても、その多くが滞納となり、制度の不正利用は看過できない状況となっています。

　令和6年度税制改正では、これらの実態を踏まえて外国人旅行者向け免税店制度の抜本的な見直しが行われたそうですが、その内容について教えて下さい。

> **POINT**
>
> 　持ち出し確認方式が導入されます。

A　外国人旅行者向け免税制度が不正に利用されている現状を踏まえ、免税販売の要件として、新たに政府の免税販売管理システムを通じて取得した税関確認情報の保存を求めることされされます。

　具体的には、免税店が販売時に外国人旅行者から消費税相当額を預かり、出国時に持ち出しが確認された場合に、旅行者にその消費税相当額を返金する仕組み（いわゆる持ち出し確認方式）が導入されます。

<図表Ⅵ－6>　持ち出し確認方式が導入

Q2 税関確認情報の定義

Q1における税関確認情報の定義について教えて下さい。

POINT

免税購入した物品を税関長が国外に持ち出すことを確認した旨の情報されます。

A　「税関確認情報」とは、免税店で免税購入対象者が免税購入した物品を税関長が国外に持ち出すことを確認した旨の情報とされます。

Q3 適用関係

Q1における外国人旅行者向け免税制度における持ち出し確認方式の導入の適用関係について教えて下さい。

POINT

令和7年度税制改正プロセスにおいて結果を得ることとされます。

A　Q1の改正は、外国人旅行者の利便性の向上や免税店の事務負担の軽減に十分配慮しつつ、空港等での混雑防止の確保を前提として、令和7年度税制改正において、制度の詳細について結論を得ることとされます。

5　金又は白金の地金等を仕入れた場合

 高額特例資産を取得した場合の納税義務の免除の特例の
改正前制度の概要

　消費税制度においては、事業者免税点制度又は簡易課税制度の恣意的な適
用を防止するため、一定の高額な資産を仕入れて仕入税額控除の適用を受け
た場合には、その後2年間、その適用が受けられないこととされる高額特定
資産を取得した場合等の納税義務の免除の特例制度（以下「特例制度」とい
います。）が設けられていますが、その改正前制度の概要について教えて下さ
い。

┌─ **POINT** ─────────────────────────────

　高額特例資産の取得・建築の日の属する課税期間から3年を経過する
日の属する課税期間までの期間は事業者免税点制度及び簡易課税制度を
選択することができません。

─────────────────────────────────────

　A　　事業者（免税事業者を除きます。）が、「中小事業者の仕入れに係
る消費税額の控除の特例（いわゆる簡易課税制度（消法37）」の適用
を受けない課税期間中に国内における高額特例資産の課税仕入れ又は高額特
例資産の保税地域からの引取り（以下「高額特例資産の仕入れ等」といいま
す。）を行った場合には、その高額特例資産の仕入れ等の日の属する課税期間
からその課税期間（自ら建設等をした高額特例資産にあっては、建設等が完
了した日の属する課税期間）の初日以後3年を経過する日の属する課税期間
までの各課税期間においては、「小規模事業者に係る納税義務の免除（消法9
①）」及び簡易課税制度は、適用できないこととされます（消法12の4①②）。

　なお、「小規模事業者に係る納税義務の免除（消法9①）」の規定が適用され
ない事業者が、簡易課税制度の規定の適用を受けない課税期間中に高額特例
資産の仕入れ等を行った場合に適用されますので、その後にその高額特例資
産を廃棄、売却等により処分したとしても、この特例制度は継続して適用さ
れます（消基通1－5－22の2）。

＜図表Ⅵ－7＞　高額特例資産を取得した場合の納税義務の免除の特例

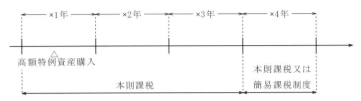

(注)　高額特例資産購入後2期は、免税事業者となることができず、簡易課税制度を選択することもできません。

Q₂　高額特例資産の定義

高額特例資産の定義について教えて下さい。

POINT

棚卸資産又は調整対象固定資産で、仕入れに係る税抜支払対価の額が1,000万円以上のものとされます。

A　「高額特例資産」とは、一取引単位につき、課税仕入れに係る支払対価の額が税抜1,000万円以上の棚卸資産又は調整対象固定資産とされます（消法12の4①、消令25の5）。

また、事業者が他の者と共同で購入した資産（以下「共有物」といいます。）が高額特定資産に該当するかどうかを判定する場合において、「高額特定資産の範囲等（消令25の5）」に規定する金額が1,000万円以上であるかどうかは、その事業者の共有物に係る持分割合に応じて判定することとされます（消基通1－5－25）。

なお、「課税仕入れに係る支払対価の額」とは、その資産に係る支払対価の額とされ、その資産の購入のために要する引取運賃、荷役費等又はその資産を事業の用に供するために必要な課税仕入れに係る支払対価の額は含まれません（消基通1－5－24）。

Q3 高額特例資産を取得した場合等の納税義務の免除の特例の見直し

令和6年度税制改正では、金又は白金の地金等を利用した特例制度の調整的な利用が見受けられるため、適用要件の見直しが行われたそうですが、その内容について教えて下さい。

POINT

特例制度の対象に、その課税期間において取得した金又は白金の地金等の額の合計額が200万円以上である場合が追加されます。

A　事業者が、金地金等の仕入れ等を行った場合において、その課税期間中のその金地金等の仕入れ等の金額の合計額が200万円以上である場合に該当するときは、その課税期間の翌課税期間からその課税期間の初日以後3年を経過する日の属する課税期間までの各課税期間においては、事業者免税点制度及び簡易課税制度を適用できないこととされます（消法12の4③、37③五、消令25の5④、25の6②）。

Q4 適用関係

Q3における本特例制度の適用対象の見直しの適用関係について教えて下さい。

POINT

令和6年4月1日以後に事業者が行う金又は白金の地金等の課税仕入れ及び保税地域から引き取られる金又は白金の地金等について適用されます。

A　　　Q3の改正は、令和6年4月1日以後に事業者（消法2①四）が行う金地金等の課税仕入れ及び金地金等に該当する課税貨物の保税地域からの引取りについて適用されます（令和6年改正法附則13④、令和6年改正消令附則1）。

Q5　本人確認書類の拡充

金又は白金の地金の課税仕入れに係る仕入税額控除の要件として保存することとされている消費税法上の本人確認書類が拡充されたそうですが、その内容について教えて下さい。

POINT

　健康保険法の被保険者の資格の確認に必要な書面等及び特別児童扶養手当受給証明書が追加されます。

A　　　金又は白金の地金の課税仕入れに係る仕入税額控除の要件として保存することとされている消費税法上の本人確認書類について、次に掲げる拡充が行われます。

①　本人確認書類の範囲に、健康保険法に規定する被保険者の資格の確認に必要な書面等（電子資格確認等）が追加されます。

②　本人確認書類の範囲に、特別児童扶養手当受給証明書が追加されます。

　なお、具体的な本人確認書類の対象範囲は、＜図表Ⅵ－8＞に掲げるとおりとされます（対象：○、対象外：×）。

＜図表Ⅵ－8＞　本人確認書類の対象範囲

区　　分	本人確認書類の対象範囲	改正前	改正後
国内に住所を有する者	マイナンバーカードの写し	○	○
	住民票の写し	○	○

	戸籍の附票の写し	○	○
	健康保険証の写し	○	○
	国民年金手帳等の写し	○	○
	運転免許証等の写し	○	○
	旅券の写し	○	○
	国税等の領収書等の写し	○	○
	在留カード等の写し	×	×
	被保険者資格確認に必要な書面（注１）	―	○
	特別児童扶養手当受給証明書	―	○
	その他これらに類するもの	○	○
国内に住所を有しない者	戸籍の附票の写し	○	○
	健康保険証の写し	○	○
	国民年金手帳等の写し	○	○
	運転免許証等の写し	○	○
	旅券の写し	×	×
	国税等の領収書等の写し	○	○
	在留カード等の写し	×	×
	その他これらに類するもの（注２）	×	×

（注１）　電子資格確認等

（注２）　外国政府発行の本人確認書類等

6　更正の請求による消費税還付に係る受還付犯の適用の見直し

Q₁　受還付犯の適用の見直し

　偽りその他不正の行為に基づき申告書を提出して消費税の還付を受けた者（未遂の場合を含みます。）については、消費税法において受還付犯として10年以下の懲役又は1,000万円以下の罰金が科されます。

　これに対して、偽りその他不正の行為に基づき更正の請求書を提出して消費税の還付を受けた者については、申告書の提出による不正還付と実質的な相違はありませんが、消費税法において罰則を科すこととされておらず問題とされていました。

　令和6年度税制改正では、この問題に対応するため、更正の請求による消費税還付に係る受還付犯の適用が見直されたそうですが、その内容について教えて下さい。

POINT

　消費税の不正受還付犯（未遂犯を含みます。）の対象に、偽りその他不正の行為による更正の請求に基づく還付が追加されます。

A　偽りその他不正の行為に基づき更正の請求書を提出して消費税の還付を受けた者の場合（未遂の場合を含みます。）については、消費税法において受還付犯として10年以下の懲役又は1,000万円以下の罰金が科されることとされます（消法64・65・66、地法72の95）。

　なお、更正の請求に基づく不正還付については、詐欺罪（刑法）が適用される可能性があります。

＜図表Ⅵ－9＞　受還付犯の適用の見直し

　　　　　　　　　　　　　　　　　　　虚偽の更正の請求書
　　　不 正 行 為 者　────────────→　所 轄 税 務 署
　　　　　　　　　　　　　←────────
　　　　　　　　　　　　　　　　不正還付
【改正前】消費税法における罰則なし
【改正後】消費税法における罰則あり（受還付犯と同様）

適用関係

　更正の請求による消費税還付に係る受還付犯の適用の見直しの適用関係について教えて下さい。

POINT

　法律の公布の日から起算して10日を経過した日以後から適用されます。

　Ｑ１の改正は、法律の公布の日から起算して10日を経過した日以後にした違反行為について適用されます（令和６年改正法附則１一）。

7　インボイス制度開始後初めての確定申告期に向けた対応等

Q 1 免税事業者等からの仕入れに係る経過措置の改正前制度の概要

　令和5年10月1日からインボイス制度の導入により、インボイス発行事業者以外の者（消費者、免税事業者又は登録を受けていない課税事業者、以下「免税事業者等」といいます。）からの課税仕入れについては、仕入税額控除を行うために保存が必要なインボイス等の交付を受けることができないことから、仕入税額控除ができません。

　平成28年度税制改正では、免税事業者等からの仕入れに係る経過措置（以下「経過措置」といいます。）が創設されたそうですが、その制度の概要について教えて下さい。

POINT

　免税事業者等から行った課税仕入れに係る消費税相当額については、インボイス導入後3年間は80％、その後3年間は50％の割合を乗じて算出した額の仕入税額控除が認められます。

A　個人事業者（免税事業者を除きます。以下同じ。）が令和5年10月1日から令和8年9月30日までの間に国内において免税事業者等から行った課税仕入れについて一定の事項が記載された帳簿及び請求書等を保存している場合には、その課税仕入れに係る支払対価の額に係る消費税相当額に80％を乗じて算出した額が課税仕入れに係る消費税額の対象とされる経過措置が設けられています（平成28年改正法附則52①）。

　また。個人事業者が令和8年10月1日から令和11年9月30日までの間に国内において免税事業者等から行った課税仕入れについて一定の事項が記載された帳簿及び請求書等を保存している場合には、その課税仕入れに係る支払対価の額に係る消費税相当額に50％を乗じて算出した額が課税仕入れに係る

消費税額の対象とされる経過措置が設けられています（平成28年改正法附則53
①）。

　なお、経過措置の適用を受ける場合には、帳簿の摘要欄に「経過措置の適
用を受ける課税仕入れである旨」の記載が必要とされます。具体的な帳簿へ
の記載は、①個々の取引ごとに「80％控除対象」又は「免税事業者からの仕
入れ」と記載する方法、②経過措置の適用対象となる取引に、「※」や「☆」
といった記号・番号等を表示し、かつ、これらの記号・番号等が「経過措置
の適用を受ける課税仕入れである旨」を別途「※（☆）は80％控除対象」と
表示する方法等とされます。

Q2　免税事業者等からの仕入れに係る経過措置の見直し

　免税事業者等である国外事業者による輸出物品販売場で購入された多量・
多額な免税物品の国内での譲渡・横流しが問題視されていました。
　令和6年度税制改正では、免税購入した者と買取業者が通謀して免税購入
品が国内で横流しされている不正に対応するため、経過措置が見直されたそ
うですが、その内容について教えて下さい。

POINT

　一の免税事業者からの仕入れ額が1年間で10億円を超える場合には、
その超える部分については、経過措置の適用は認めないこととされます。

A　適格請求書発行事業者以外の者から行った課税仕入れに係る税額
控除に関する経過措置について、その対象から個人事業者にあって
はその年、法人にあってはその事業年度において一の適格請求書発行事業者
以外の者からの課税仕入れに係る支払対価の額の合計額が10億円を超える場
合におけるその超える部分の課税仕入れを除外することとされます（平成28
年改正法附則53）。

Q3 適用関係

Q2における免税事業者等からの仕入れに係る経過措置の見直しの適用関係について教えて下さい。

> **POINT**
>
> 令和6年10月1日以後に開始する課税期間から適用されます。

A 　Q2の改正は、令和6年10月1日以後に開始する課税期間について適用され、同日前に開始した課税期間については、なお従前の例によります（令和6年改正法附則63）。

Q4 帳簿のみの保存により仕入税額控除が認められる取引の改正前制度の概要

インボイス等保存方式においては、事業者がその課税期間の課税仕入れ等の税額の控除に係る帳簿及びインボイス等（インボイス等の交付を受けることが困難である場合には、帳簿）の保存が仕入税額控除の要件とされます。

このうち、帳簿のみの保存により仕入税額控除が認められる取引の改正前制度の概要について教えて下さい。

> **POINT**
>
> 　3万円未満の公共交通機関である船舶、バス又は鉄道による旅客の運送など、インボイス等の交付を受けることが困難である課税仕入れについては、その課税仕入れを行った事業者においてインボイス等の保存を要せず、帳簿のみの保存により仕入税額控除ができることとされます。

A 　インボイス等の交付を受けることが困難であるなどの理由により、次の①から⑨に掲げる課税仕入れについては、その課税仕入れ

を行った事業者においてインボイス等の保存を要せず、帳簿のみの保存により仕入税額控除ができることとされます。この場合には、「帳簿のみの保存により仕入税額控除を受ける旨」を帳簿の摘要欄に記載します（消法30⑦、消令49①、消規15の４、インボイスQ&A問110、インボイス通達４−７）。

　なお、基準期間（前々年）課税売上高が１億円以下又は特定期間における課税売上高が5,000万円以下の事業者が行う課税仕入れに係る支払対価の額が１万円未満の取引については、インボイス制度の施行から６年間、帳簿のみの保存により仕入税額控除が可能とされます（平成28年改正法附則53の２、消令24の２）。

① 　インボイスの交付義務が免除される３万円未満の公共交通機関である船舶、バス又は鉄道による旅客の運送（注１）

　（注１）　帳簿の摘要欄への記載例：３万円未満の鉄道料金

② 　簡易インボイスの記載要件（取引年月日を除きます。）が記載されている入場券等が使用の際に回収される取引（注２）

　（注２）　帳簿の摘要欄への記載例：入場料等

③ 　古物営業を営む者がインボイス発行事業者でない者の古物の購入

④ 　質屋を営む者がインボイス発行事業者でない者から買い受ける質物の取得

⑤ 　宅地建物取引業を営む者がインボイス発行事業者でない者から買い受ける建物の購入

⑥ 　インボイス発行事業者でない者から再生資源又は再生部品の購入

⑦ 　インボイスの交付義務が免除される３万円未満の自動販売機（注３）及び自動サービス機からの商品の購入等（注４）

　（注３）　帳簿の摘要欄への記載例：○○市自動販売機

　（注４）　帳簿の摘要欄への記載例：××銀行○○支店ATM

⑧ 　インボイスの交付義務が免除される郵便切手類のみを対価とする郵便・貨物サービス（郵便ポストに差し出されたものに限ります。）

⑨ 　従業員等に支給する通常必要と認められる出張旅費等（出張旅費、宿泊費、日当及び通勤手当）（注５）

　（注５）　帳簿の摘要欄への記載例：出張旅費等

Q5　消費税に係る帳簿の記載事項の見直し

　インボイス制度開始後初めての確定申告期に向けて、事業者においては新たな事務負担が生じていることにも配慮し、納税者や税理士が円滑に申告手続を行えるようにするため、消費税に係る帳簿の記載事項の見直しが行われたそうですが、その内容について教えて下さい。

> **POINT**
>
> 　帳簿の保存のみで仕入税額控除の適用が認められる自動販売機及び自動サービス機による課税仕入れ並びに使用の際に証票が回収される課税仕入れ（3万円未満の少額のものに限ります。）については、帳簿への住所又は所在地の記載が不要とされます。

A　　　　Q4の⑦に掲げる一定の事項が記載された帳簿のみの保存により仕入税額控除が認められる自動販売機及び自動サービス機による課税仕入れ並びに使用の際に証票が回収される課税仕入れ（3万円未満のものに限ります。）については、帳簿への住所又は所在地の記載が不要とされます。

〔帳簿の摘要欄への記載例〕

　イ　インボイスの交付義務が免除される3万円未満の自動販売機
　　　【改正前】○○市自動販売機
　　　【改正後】自動販売機
　ロ　自動サービス機からの商品の購入等
　　　【改正前】××銀行○○支店ATM
　　　【改正後】ATM

Q6　適用関係

　Q5における消費税に係る帳簿の記載事項の見直しの適用関係について教えて下さい。

> **POINT**
>
> 令和５年10月１日以後から適用されます。

A 　Ｑ５の改正の趣旨を踏まえ、令和５年10月１日以後に行われる課税仕入れに係る帳簿への住所等の記載については、運用上、記載がなくとも改めて求めないものとされます。

Q7 経理処理方法の明確化

　税抜経理方式を採用する簡易課税適用者又は適格請求書発行事業者となる小規模事業者に係る税額控除に関する経過措置（いわゆる２割特例制度）の適用を受ける者のインボイス発行事業者以外からの仕入れについては、原則として仮払消費税等の仕訳は発生しません（法令139の４⑤⑥、法規28②）。

　令和６年度税制改正では、簡易課税適用者等がインボイスの保存が仕入税額控除の要件とされていないことを踏まえて、税抜経理方式を適用した場合の仮払消費税等の経理処理方法の明確化が行われたそうですが、その内容について教えて下さい。

> **POINT**
>
> 　仕入れ先が免税事業者か否かにかかわらず、継続適用を条件として、税抜経理方式を適用した場合の仮払消費税等の仕訳を計上することが認められます。

A 　簡易課税制度又は適格請求書発行事業者となる小規模事業者に係る税額控除に関する経過措置（いわゆる２割特例制度）を適用する事業者が、令和５年10月１日以後に国内において行う課税仕入れについて、税抜経理方式を適用した場合の仮払消費税等として計上する金額について、継続適用を条件としてその課税仕入れに係る支払対価の額に110分の10（軽減対象課税資産の譲渡等に係るものである場合には、108分の８）を乗じた金

額とすることが認められます（消費税経理通達１－２）。

　また、消費税に係る経理処理方法について所要の見直しが行われます（消費税経理通達Q&A：令和５年12月改訂）。

〔仕訳例〕免税事業者から220万円の車両を仕入れた場合

　　【改正前】（借）車輌運搬具　2,200,000　　（貸）現金預金　2,200,000

　　【改正後】（借）車輌運搬具　2,000,000　　（貸）現金預金　2,200,000

　　　　　　　　　　仮払消費税等　200,000（注）

　　（注）　継続適用を要件として、税抜経理方式を適用した場合の仮払消費税等の仕訳を計上することが認められます（仕入れ先がインボイス発行事業者か否かを把握する必要なし）。

Q8　適用関係

　Q７における経理処理方法の明確化の適用関係について教えて下さい。

POINT

　令和５年10月１日以後から適用されます。

A　　　Q７の改正は、令和５年10月１日以後に行われる消費税に係る経理処理方法から適用されます。

Ⅶ　納税環境整備

1　ＧビズIDとの連携によるe-Taxの利便性の向上

Q₁ 電子申告等の手続の簡素化

　電子情報処理組織を使用する方法（e-Tax）により申請等又は国税の納付を行う場合には、e-Taxの「ID（識別符号）・パスワード（暗証符号）」を入力して、「電子署名・電子証明書」を送付しなければなりません。

　令和6年度税制改正では、ＧビズID（法人共通認証基盤）との連携によるe-Tax利用者の電子申告等の手続の簡素化が行われるそうですが、その内容について教えて下さい。

> **POINT**
>
> 　法人が、ＧビズIDを用いてe-Taxにログインする場合には、e-Taxの「ID・パスワード」の入力及び申請等の際の「電子署名・電子証明書」の送信が不要とされます。

納税環境整備

A　法人が、ＧビズID（法人共通認証基盤）（一定の認証レベルを有するものに限ります。）を入力して、電子情報処理組織を使用する方法（e-Tax）により申請等又は国税の納付を行う場合には、その申請等を行う際の識別符号及び暗証符号の入力、電子署名並びにその電子署名に係る電子証明書の送信又はその国税の納付を行う際の識別符号及び暗証符号の入力を要しないこととされます。

＜図表Ⅶ－1＞　ＧビズIDを用いた電子申告等の手続の簡素化

	ＧビズIDを用いて法人がログインする場合	
	改　正　前	改　正　後
e-TaxのID・パスワードの入力	必　要	不　要
電子署名・電子証明書の送信	必　要	不　要

2　処分通知等の電子交付の拡充

Q1　改正前制度の概要

　令和3年度税制改正では、納税のための環境整備の一環として、電子情報処理組織を使用する方法（e-Tax）により行うことができる処分通知等の範囲が5種類から9種類に拡充されたそうですが、その9種類の手続とはどのようなものでしょうか。

> **POINT**
>
> 　納税証明書、国税還付金振込通知書、住宅ローン控除証明書等が電子交付されています。

A　税務当局から納税者に対して電子交付される処分通知等は、次のとおりとされます。

《処分に係る申請》

① 所得税の予定納税額通知書（予定納税額の減額承認申請に対する処分に係る通知を含みます。）

② 加算税の賦課決定通知書

③ クラウドの認定等に係る通知

④ 国税還付金振込通知書

⑤ 消費税適格請求書発行事業者の登録に係る通知

⑥ 更正の請求に係る減額更正等の通知

⑦ 住宅ローン控除証明書

⑧ 納税証明書

⑨ 電子申請等証明書

Q2 電子交付の拡充

　経済社会のデジタル化に伴い、事業経営や取引・財務に関する情報処理、決済の分野でもデジタル化が急速に進展しており、納税者が簡便かつ適正に申告・納付を行うことができるように税務手続のデジタル化を推進していく必要があります。

　令和6年度税制改正では、処分通知等の電子交付の拡充が行われるそうですが、その内容について教えて下さい。

POINT

　納税者の事前の同意を前提に、全ての処分通知等の電子交付ができることとされます。また、納税者が事前の同意を行う場合には、メールアドレスの登録が必須条件とされます。なお、電子交付の対象となる処分通知等について、事前の同意を行う方式は、e-Taxで一括して行う方式へ変更されます。

A　電子情報処理組織を使用する方法（e-Tax）により行うことができる処分通知等が、納税者の事前の同意を前提として、次のとおり見直されます。

① 　法令上、全ての処分通知等（改正前：9種類の手続）について、e-Taxにより行うことができることとされます。ただし、その処分通知等の性質上、電子交付に適さないものの通知については、運用上電子交付の対象とされません。

② 　処分通知等を受ける旨の同意について、処分通知等に係る申請等に併せて個々に行う方式が廃止され、e-Taxで一括して行う方式に変更されます。

③ 　処分通知等を受ける旨の事前の同意は、メールアドレスを登録して行う方式（改正前：任意）とされます。また、誤登録を防止するため、ワンタイムパスワードで認証が行われます。

<＜図表Ⅶ－2＞　処分通知等の電子交付のイメージ

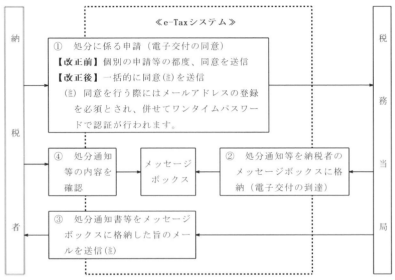

（注）　税務当局では、納税者の見落としを防止する観点から、納税者が一定期間処分通知等の内容を確認していない場合には、内容を確認するように電話により連絡する等の運用上の対応が行われます。

 適用関係

Q2における処分通知等の電子交付の拡充の適用関係について教えて下さい。

POINT

令和8年9月24日から施行されます。

A Q2の改正は、令和8年9月24日から施行されます。

3　地方税務手続のデジタル化の推進

Q₁　改正前制度の概要

令和３年度税制改正では、新型コロナウイルス感染症の拡大を踏まえ、従来に増して迅速に地方税務手続のデジタル化を進めていく必要があることから、地方税共通納税システム（eLTAX）の対象税目が拡大されたそうですが、その拡大された制度の概要について教えて下さい。

> **POINT**
>
> 　eLTAXの対象税目に固定資産税、自動車税種別割等が追加され、地方税法令上の全ての税目が地方税統一QRコードを活用した電子的に納付が可能とされました。

A　地方公共団体の収納事務を行う地方税共同機構が電子的に処理する特定徴収金の対象税目に①固定資産税、②都市計画税、③自動車税（種別割）及び④軽自動車税（種別割）が追加され、eLTAXを通じて地方税法令上の全ての税目が地方税統一QRコードを活用して電子的に納付を行うことが可能とされました。

　なお、令和５年度以後の課税分について適用されます（令和３年改正地法附則１④）。

Q₂　地方税納税通知書等のデジタル化

地方税務手続のうち、申告・申請及び納付については、地方税共通納税システム（eLTAX）を通じたデジタル化が進展しています。

令和６年度税制改正では、更なる地方税納税通知書等のデジタル化を推進していく仕組みの導入に向けた取組が進められるそうですが、その内容について教えて下さい。

┌─ **POINT** ─────────────────────────────────┐
　eLTAX及びマイナポータルを連携して、電子的に送付する仕組みが
導入されます。
└──┘

A　　　地方税においても更なるデジタル化に向け、地方税関係通知のう
ち、固定資産税、自動車税種別割等の納税通知書等について、
eLTAX及びマイナポータルの更改・改修スケジュール等を考慮しつつ、納税
者等からの求めに応じて、eLTAX及びマイナポータルを活用して電子的に
送付する仕組みの導入に向けた取組が進められます。

＜図表Ⅶ－3＞　地方税納税通知書等のデジタル化のイメージ

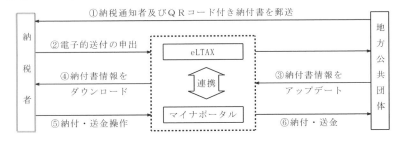

━━━━━━━━━━━━━━━━━━━━━━━━━━━━━━━━━━━━━━━

Q3　地方公金納付に係るeLTax経由での納付の創設

　令和5年4月1日から地方税共通納税システム（eLTAX）において、地方
税統一QRコードを活用した電子的に納付が可能となりました。
　令和6年度税制改正では、eLTAXを経由した地方公金の電子納付が可能
となるそうですが、その内容について教えて下さい。

┌─ **POINT** ─────────────────────────────────┐
　国民健康保険料、道路占有料等が追加されます。
└──┘

A　　　eLTAXを通じた電子納付の対象に地方税以外の地方公金（国民
健康保険料、道路占有料等）が追加されます。

　また、地方自治法の改正に併せて、地方税共同機構の業務に公金収納事務が追加されます。

＜図表Ⅶ－4＞　eLTAXを通じた電子納付の対象税目

適用開始日	対　象　税　目	
	改　正　前	改　正　後
令和元年10月1日以降	法人住民税・事業税	
	個人住民税（給与所得・退職所得に係る特別徴収）	
	事業所税	
令和3年10月1日以降	個人住民税（利子割・配当割・株式等譲渡所得割）	
令和5年4月1日以降	固定資産税	
	都市計画税	
	自動車税（種別割）	
	軽自動車税（種別割）	
	上記以外の地方税の全科目	
令和6年4月1日以降		国民健康保険料
		道路占有料
		上記以外の地方公金の一部

Q4　適用関係

　Q3における地方公金納付に係るeLTAX経由での納付の創設の適用関係について教えて下さい。

POINT

　令和6年4月1日から適用されます。

A　　Q3の改正は、地方自治法の一部を改正する法律の施行の日から適用されます。

4　税務代理権限証書等の様式の整備

Q1　基準所得税額の定義

　令和6年度税制改正では、税務代理権限証書等の様式の整備が行われたそうですが、その内容について教えて下さい。

POINT

　税務代理権限証書等の様式の簡素化の見直しが行われます。

A　税務代理権限証書、申告書の作成に関する計算事項等記載書面及び申告書に関する審査事項等記載書面の様式について、国税庁長官が必要がある場合に、所要の事項を付記すること又は一部の事項を削ることができることとされます。

　また、「所属税理士会等」の欄の記載事項の簡素化が行われます。

Q2　適用関係

　Q1における税務代理権限証書等の様式の整備の適用関係について教えて下さい。

POINT

　令和8年9月1日から適用されます。

A　Q1の改正は、令和8年9月1日以後に提出する税務代理権限証書、申告書の作成に関する計算事項等記載書面及び申告書に関する審査事項等記載書面について適用されます。

5　個人番号を利用した税理士の登録事務等の利便性の向上

Q1　個人番号を利用した手続のデジタル化

　税理士を含む社会保障等に係る国家資格等については、マイナンバー（個人番号）を利用した手続のデジタル化を進め、住民基本台帳ネットワークシステム等との連携により資格取得・更新等手続時の添付書類の省略等を目指すこととされていました（デジタル社会の実現に向けた重点計画：令和4年6月7日閣議決定）。

　令和6年度税制改正では、これら措置の実現のために個人番号を利用した税理士の登録事務等の利便性の向上が図られるそうですが、その内容について教えて下さい。

POINT

　番号利用事務に税理士の登録事務・試験事務が追加されるとともに、試験管理者等が共同利用できる資格情報連携等に関するシステム整備等が実施されます。

A　行政手続における特定の個人を識別するための番号の利用等に関する法律等の改正に伴い、次の見直しが行われます。

① 税理士の登録事項について、個人番号を加えるとともに、その登録事項のうち「本籍」が「本籍地都道府県名」とされます。

② 税理士の登録申請書について、戸籍抄本及び住民票の写しの添付を要しないこととされます。

③ 電子情報処理組織を使用する方法により日本税理士会連合会又は税理士会に対して申請等を行う者は、その申請等に関して添付すべきこととされている書面等でその書面等に記載されている事項又は記載すべき事項を入力して送信することができないものについて、書面等による提出に代えて、スキャナによる読み取り等により作成した電磁的記録（いわゆる「イメージデータ」）を送信することにより行うことができることとされます。

④　次に掲げる申請書等の様式について、個人番号をその様式に記載するために必要な整備が行われます。
　イ　税理士試験受験資格認定申請書
　ロ　税理士試験受験願書
　ハ　研究認定申請書
　ニ　税理士試験免除申請書
　ホ　研究認定申請書兼税理士試験免除申請書
⑤　税理士試験に係る受験手数料又は認定手数料について、電子情報処理組織を使用する方法による申請等により国税審議会会長から得た納付情報及び識別符号を入力して、これらを送信することにより納付することができることとされます。

Q2　適用関係

Q1における個人番号を利用した手続のデジタル化の適用関係について教えて下さい。

POINT

デジタル社会の形成を図るための関係法律の整備に関する法律附則1条10号に掲げる規定の施行の日から施行されます。

A　Q1の改正は、デジタル社会の形成を図るための関係法律の整備に関する法律附則1条10号に掲げる規定の施行の日から施行されます。また、Q1②の改正は同日以後に提出する登録申請書について、上記④イ、ニ及びホの改正は同日以後に提出する税理士試験受験資格認定申請書、税理士試験免除申請書又は研究認定申請書兼税理士試験免除申請書について、Q1④ロ及びハの改正は同日以後に行う試験実施の日時等の公告に係る税理士試験について、それぞれ適用されます。

また、Q1の改正の施行の日から令和7年3月31日までの間に提出される税理士の登録申請書について、日本税理士会連合会が税理士登録のため必要があると認める場合には、従前どおり戸籍抄本及び住民票の写しを添付しなければならないこととされる経過措置が設けられます。

6　隠蔽し又は仮装された事実に基づき更正請求書を提出していた場合の重加算税制度の整備

Q1　重加算税制度の見直し

　仮装・隠蔽したところに基づき納税申告書を提出した場合には、過少申告加算税又は無申告加算税に代え、35％又は40％の重加算税が賦課されます。ただし、申告後に仮装・隠蔽したところに基づき「更正の請求書」を提出したときには、重加算税が賦課されないため、課税上問題とされていました。

　令和6年度税制改正では、誠実に納税を行う納税者の税に対する公平感を損なうことがない様にするため、更正の請求に係る仮装・隠蔽行為に対応するための重加算税の見直しが行われたそうですが、その内容について教えて下さい。

> **POINT**
>
> 　仮装・隠蔽したところに基づき「更正の請求書」を提出した場合が重加算税の賦課対象に追加されます。

A　過少申告加算税又は無申告加算税に代えて課される重加算税の適用対象に、隠蔽し又は仮装された事実に基づき更正請求書を提出していた場合が追加されます（通則法68①〜③）。

　また、偽りその他不正の行為により国税を免れた場合等に、延滞税の計算期間から一定の期間を控除する特例が不適用となる措置について、隠蔽し又は仮装された事実に基づき更正請求書を提出していた一定の場合が対象となることが明確化される運用上の対応が行われます。

　なお、地方税についても同様とされます。

Q2　適用関係

　Q1における重加算税制度の見直しの適用関係について教えて下さい。

┌─ **POINT** ───────────────────────────────────

　令和7年1月1日以後に法定申告期限等が到来する国税又は地方税について適用されます。

──

A　　Q1の改正は、令和7年1月1日以後に法定申告期限（国税に関する法律の規定によりその法定申告期限とみなされる期限を含み、還付請求申告書（通則法61①二）については、その申告書を提出した日とされます。）が到来する国税について適用され、令和7年1月1日前に法定申告期限が到来した国税については、なお従前の例によります（令和6年改正法附則19）。

　また、令和7年1月1日以後に申告書の提出期限が到来する地方税について適用されます。

7　偽りその他不正の行為により国税を免れた株式会社の役員等の第二次納税義務の整備

Q 1　不正申告を行った法人の代表者等に対する徴収手続の整備

　法人が財産を散財させた上で廃業すること等により納税義務を免れようとする事案が散見されており、調査や滞納処分が行われる段階では既にその法人の財産が残存しておらず、滞納国税の徴収ができません。仮に、代表者等が簿外財産や不正還付を行い財産を創出され、自らが財産の移転を受けた場合又は自ら実行して法人外部へ移転・散財させた場合でも、代表者等に追及できず、これら事象への対応が課題とされていました。

　令和 6 年度税制改正では、これら事象への対応を図るために、偽りその他不正の行為により国税を免れた株式会社の役員等の第二次納税義務の整備が行われたそうですが、その内容について教えて下さい。

POINT

　株式50％超（親族等の一定の者と合わせて50％超を含みます。）を保有するなどによりその法人を支配し、不正行為を実行し及び移転を受け又は法人外部への移転を実行した代表者等（役員）に対して、その移転を受けた財産及び移転がされた財産（代表者等が移転を実行したものに限り、通常の営業経費の支払等に係る移転は除きます。）の価額を限度として不正行為により免れた国税の第二次納税義務が課されます。

A　偽りその他不正の行為により国税を免れ又は国税の還付を受けた株式会社、合資会社又は合同会社がその国税（その附帯税を含みます。以下同じ）を納付していない場合において、滞納処分を執行してもなお徴収不足であると認められるときは、その偽りその他不正の行為をしたその株式会社の役員又はその合資会社若しくは合同会社の業務を執行する有限責任社員（その役員又は有限責任社員を判定の基礎となる株主又は社員として選定した場合にその株式会社、合資会社又は合同会社が被支配会社に該当する場合におけるその役員又は有限責任社員に限ります。以下「特定役員等」

といいます。）は、その偽りその他不正の行為により免れ若しくは還付を受け
た国税の額又はその株式会社、合資会社若しくは合同会社の財産のうち、そ
の偽りその他不正の行為があった時以後に、その特定役員等が移転を受けた
もの及びその特定役員等が移転をしたもの（その取引の内容その他の事情を
勘案して、当該取引の相手方との間で通常の取引の条件に従って行われたと
認められる一定の取引として移転をしたものを除きます。）の価額のいずれ
か低い額を限度として、その滞納に係る国税の第二次納税義務を負うことと
されます（徴収法40）。

　なお、その滞納に係る地方団体の徴収金の第二次納税義務も同様とされま
す（地法11の9）。

<＜図表Ⅶ-5＞　不正申告を行った法人の代表者等に対する徴収手続の整備>

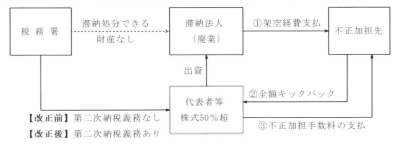

Q2　被支配会社の定義

Q1における被支配会社の定義について教えて下さい。

POINT

　株式50％超（親族等の一定の者と合わせて50％超を含みます。）を保有
する会社とされます。

　　Q1の「被支配会社」とは、1株主グループの所有株式数が会社
の発行済株式の50％を超える場合等におけるその会社とされます。

Q 3　適用関係

　Q 1における不正申告を行った法人の代表者等に対する徴収手続の整備の
適用関係について教えて下さい。

POINT

　令和 7 年 1 月 1 日以後に滞納となった一定の国税又は地方団体の徴収
金について適用されます。

A　　Q 1 の改正は、令和 7 年 1 月 1 日以後に偽りその他不正の行為に
より免れ又は還付を受けた国税又は地方団体の徴収金について適用
されます（令和 6 年改正法附則20①、令和 6 年改正地法附則 1 二）。
　また、Q 1 の規定による改正後の地方税に掲げる規定は、令和 7 年 1 月 1
日以後に偽りその他不正の行為により免れ又は還付を受けた地方団体の徴収
金について適用されます（令和 6 年改正地法附則 2 ）。

8　第二次納税義務に係る納付税額の損金不算入制度の拡充

Q₁　損金不算入の対象範囲の拡充

　第二次納税義務に係る納付税額の損金不算入制度における国税徴収法等の第二次納税義務の規定により納付し又は納入すべき国税等の範囲は拡充されたそうですが、その内容について教えて下さい。

POINT

　株式会社等が偽りその他不正の行為により国税等を免れ又は国税等の還付を受けた場合におけるその役員等である法人は国税徴収法等の第二次納税義務の規定により納付し又は納入すべき国税等が追加されます。

A　　法人が偽りその他不正の行為により、国税若しくは地方税を免れ又は国税若しくは地方税の還付を受けた他の法人の役員等である場合において、その役員等である法人が第二次納税義務者としてその偽りその他不正の行為により免れ、還付を受けた国税又は地方税を納付し又は納入したときは、その納付し又は納入したことにより生じた損失の額は、損金算入しないこととされます（法法39①、法令78の２）。

Q₂　適用関係

　Q１における第二次納税義務に係る納付税額の損金不算入制度の拡充の適用関係について教えて下さい。

POINT

令和７年１月１日から適用されます。

A　　Q１の改正は、令和７年１月１日以後から適用されます（令和６年改正法附則１四イ、令和６年改正法令附則１二）。

9　保全差押え等を解除しなければならない期限の整備

Q1 税額確定前の差押えの解除手続の整備

　不正申告等の疑い等により一定の査察調査又は逮捕が行われた場合等において、国税の申告・更正等の税額確定前に一定の保全差押え金額を決定し、直ちに財産保全差押えを行うことが可能とされています。ただし、保全差押え金額の通知をした日から6月を経過した日までに、その差押え等に係る国税につき納付すべき額の確定がないときには、保全差押えを解除しなければなりません。

　令和6年度税制改正では、事案の複雑化に伴い査察調査が長期化している観点から、保全差押え等を解除しなければならない期限の整備が図られたそうですが、その内容について教えて下さい。

POINT

　保全差押えの解除までの期間が通常の査察調査において税額確定するまでに必要な期間が1年とされます。

A　納税義務があると認められる者が不正に国税を免れたことの嫌疑等に基づき一定の処分を受けた場合における税務署長が決定する金額（以下「保全差押金額」といいます。）を限度とした差押え（以下「保全差押え」といいます。）又はその保全差押金額について提供されている担保に係る国税について、その納付すべき額の確定がない場合におけるその保全差押え又は担保を解除しなければならない期限が、その保全差押金額をその者に通知をした日から1年（改正前：6月）を経過した日までとされます（徴収法159⑤二・三）。

　なお、地方税も同様とされます（地法16の4④⑫）。

＜図表Ⅶ－6＞　税額確定前の差押えの解除手続の整備

Q₂　適用関係

Q1における税額確定前の差押えの解除手続の整備の適用関係について教えて下さい。

POINT

令和7年1月1日から適用されます。

A　Q1の改正は、令和7年1月1日以後にされる保全差押金額の決定から適用され、令和7年1月1日前にされた保全差押金額の決定については、なお従前の例によります（令和6年改正法附則20②、令和6年改正地法附則1二）。

また、Q1の規定は、令和7年1月1日以後にされる決定について適用され、令和7年1月1日前にされた改正前の地方税法の規定による決定については、なお従前の例によります（令和6年改正地法附則3）。

10　長期間にわたり供託された換価代金等の配当がされない事態へ対応するための措置の整備

Q1　換価代金等の処理制度の概要

換価代金等の処理についての制度の概要について教えて下さい。

POINT

　税務署長は、差押財産等の売却代金等（いわゆる換価代金等）に残預金が生じた場合には、これを滞納者に交付することとされます。

A　税務署長は、差押財産等の売却代金又は有価証券、債権若しくは無体財産権等の差押えにより第三債務者等から給付を受けた金銭（以下「換価代金等」といいます。）は、①差押えに係る国税、②交付要求を受けた国税、地方税及び公課、③差押財産等上の質権、抵当権、先取特権（これらについて仮登記されているものも含みます。以下同じ。）、留置権又は担保のための仮登記に係る権利の被担保債権、④滞納者の動産でその親族その他の特殊関係者以外の第三者が占有しているものを徴収職員が差し押さえた場合等において生ずる第三者の滞納者に対する損害賠償請求権又は前払借賃に係る債権等に配当されます（徴収法128①・129①）。また、差し押さえた金銭又は交付要求により交付を受けた金銭は、それぞれ差押え又は交付要求に係る国税に充てることとされます（徴収法129②）。この場合において、配当した金銭に残余があるときは、これを滞納者に交付することとされます（徴収法129③）。

　なお、税務署長は、換価代金等の交付期日に配当計算書に従って換価代金等を交付するものとされます（徴収法133①）。

Q2　換価代金等の交付手続の見直し

　滞納処分による差押えが行われた場合、その差押財産から配当を受けるべ

き債権者に直ちに配当を行えないときには、配当の額に相当する金銭を供託する必要があります。また、税務当局がこの供託金について配当を行う際に、「供託に係る債権者」が必要な手続を行わない場合には長期間にわたって「他の債権者」に配当を行うことができない事態が生じることが課題とされていました。

　令和6年度税制改正では、必要な手続を行わない「供託に係る債権者」を除外して配当手続を進めることを可能とする観点から、長期間にわたり供託金の配当がされない事態へ対応するための配当手続が整備されたそうですが、その内容について教えて下さい。

POINT

　供託された換価代金等の配当について、民事執行法の改正のより整備された長期間にわたり供託金の配当がされない事態へ対応するための措置と同様に、税務署長は、必要な手続を行わない供託に係る債権を有する者を除外して供託金について換価代金等の配当を実施する旨の決定ができることとされます。

A　換価代金等の供託がされた場合におけるその供託に係る債権者は、その供託の事由が消滅したときは、直ちに、その旨を税務署長に届け出なければならないこととされます（徴収法133⑥）。

　また、税務署長は、換価代金等の供託がされた場合において、その供託がされた日等からその届出がされることなく2年を経過したときは、その供託に係る債権者に対し、その供託に係る供託の事由が消滅しているときはその届出をし又はその供託に係る供託の事由が消滅していないときはその旨の届出をすべき旨を催告しなければならないこととされます（徴収法133⑦）。

　なお、その催告を受けた供託に係る債権者が、催告を受けた日から14日以内にその届出をしないときは、税務署長は、その供託に係る債権者を除外して供託金について換価代金等の配当を実施する旨の決定をすることができることとされます（徴収法133⑧）。

　その決定は、供託に係る債権者がその決定の告知を受けた日から7日を経過した日にその効力を生ずることとされます（徴収法133⑨）。

＜図表Ⅶ－7＞　換価代金等の交付手続の見直し

【改正前】

(注)　供託事由が消滅した後も、供託に係る債権者が必要な手続を行わないため配
　　　当を実施できない。

【改正前】

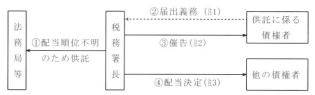

(注1)　供託事由が消滅した場合には、直ちに税務当局への届出義務が創設
(注2)　届出がされることなく2年を経過したときは、届出をすべき旨を催告
(注3)　催告を受けた日から14日以内にその届出がないときは、その供託に係る債
　　　権者を除外して配当する決定（7日経過後決定）

Q3 適用関係

　Q2における換価代金等の交付手続の見直しの適用関係について教えて下
さい。

POINT

　令和5年に行われた民事執行法における同様の配当手続の見直しの適
用時期を踏まえ適用されます。

A　　Q2の改正は、民事関係手続等における情報通信技術の活用等の
推進を図るための関係法律の整備に関する法律（令和5年法律第53
号）附則3号に掲げる規定の施行の日から適用されます（令和6年度改正法附
則1十一）。

11　災害損失欠損金額の繰越控除の適用に係る所要の措置

Q₁　地方法人二税における中間申告時に生じた災害損失欠損金額

　法人税においては、災害が発生した日から6月を経過する日までの間に終了する中間申告時に生じた災害損失欠損金額がある場合には、繰戻還付を請求することが可能とされており、繰戻還付を受けた金額を災害発生事業年度の確定申告において益金算入することとされます。これに対して、法人住民税及び法人事業税においては、繰戻還付制度がないことから、災害損失欠損金額を益金算入することとされていました。

　令和6年度税制改正では、地方法人二税における中間申告時に生じた災害損失欠損金額の取り扱いが見直されたそうですが、その内容について教えて下さい。

> **POINT**
>
> 　法人住民税の法人税割の計算においては、災害損失欠損金額に相当する金額を課税標準となる法人税額から控除することとされます。
>
> 　また、法人事業税の所得割の計算においては、災害損失欠損金額に相当する金額を確定申告時に益金算入しないこととされます。

A　災害が発生した日から6月を経過する日までの間に終了する中間期間において生じた災害損失欠損金額につきその中間期間に係る仮決算の中間申告書の提出により法人税額の還付を受けた場合における法人住民税の法人税割及び法人事業税の所得割については、次の①②のとおりとされます（法法71①・74①・144の3①・144の6①、地法53㉓・72の23②・321の8㉓）。

① 　その中間期間の属する事業年度の法人住民税の法人税割の課税標準となる法人税額からその災害損失欠損金額につき還付を受けた法人税額を控除し、控除しきれない額については翌事業年度以降に控除することとされます。

② その中間期間の属する事業年度の法人事業税の所得の計算上、その還付を受けた金額の計算の基礎となった災害損失欠損金額に相当する金額は益金算入しないこととし、その事業年度に生じた欠損金額について、繰越控除制度が適用されます。

＜図表Ⅶ－8＞　地方法人二税の中間申告時に生じた災害損失欠損金額の取り扱い

区　　分		改　正　前	改　正　後
法人税	中間申告	災害損失欠損金額に係る税額を繰戻還付可	
	確定申告	災害損失欠損金額を益金算入	
法人住民税	中間申告	災害損失欠損金額に係る税額を繰戻還付不可	
	確定申告	災害損失欠損金額を益金算入	課税標準から控除
法人事業税	中間申告	災害損失欠損金額に係る税額を繰戻還付不可	
	確定申告	災害損失欠損金額を益金算入	災害損失欠損金額を益金算入なし

Q2　適用関係

Q1における地方法人二税の中間申告時に生じた災害損失欠損金額の取り扱いの見直しの適用関係について教えて下さい。

POINT

令和6年4月1日以後に終了する事業年度から適用されます。

A　Q1の改正は、令和6年4月1日以後に終了する事業年度分の法人の道府県民税、市町村民税及び事業税について適用され、令和6年4月1日前に終了した事業年度分の法人の道府県民税、市町村民税及び事業税については、なお従前の例によります（令和6年改正地法附則4⑥・6②・18④）。

政省令対応
Q&A 税制改正の実務
―令和6年度版―

令和6年5月30日　初版発行

著　者　宮　森　　　俊　樹
発行者　新日本法規出版株式会社
代表者　星　　謙一郎

発 行 所　新日本法規出版株式会社

本　　社
総轄本部　(460-8455)　名古屋市中区栄1－23－20
東京本社　(162-8407)　東京都新宿区市谷砂土原町2－6
支社・営業所　札幌・仙台・関東・東京・名古屋・大阪・高松
　　　　　　　広島・福岡
ホームページ　https://www.sn-hoki.co.jp/

【お問い合わせ窓口】
新日本法規出版コンタクトセンター
📞 0120-089-339（通話料無料）
●受付時間／9：00〜16：30（土日・祝日を除く）

ISBN978-4-7882-9362-5
5100329　税制実務令和6　　　　©宮森俊樹 2024 Printed in Japan